Dinosaurier

Malbuch für Kinder

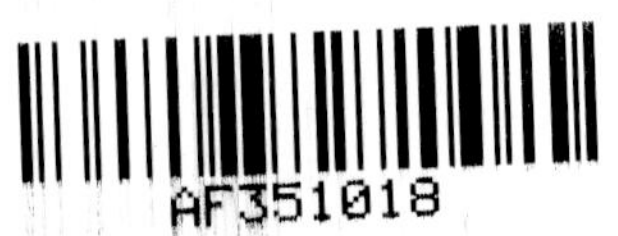

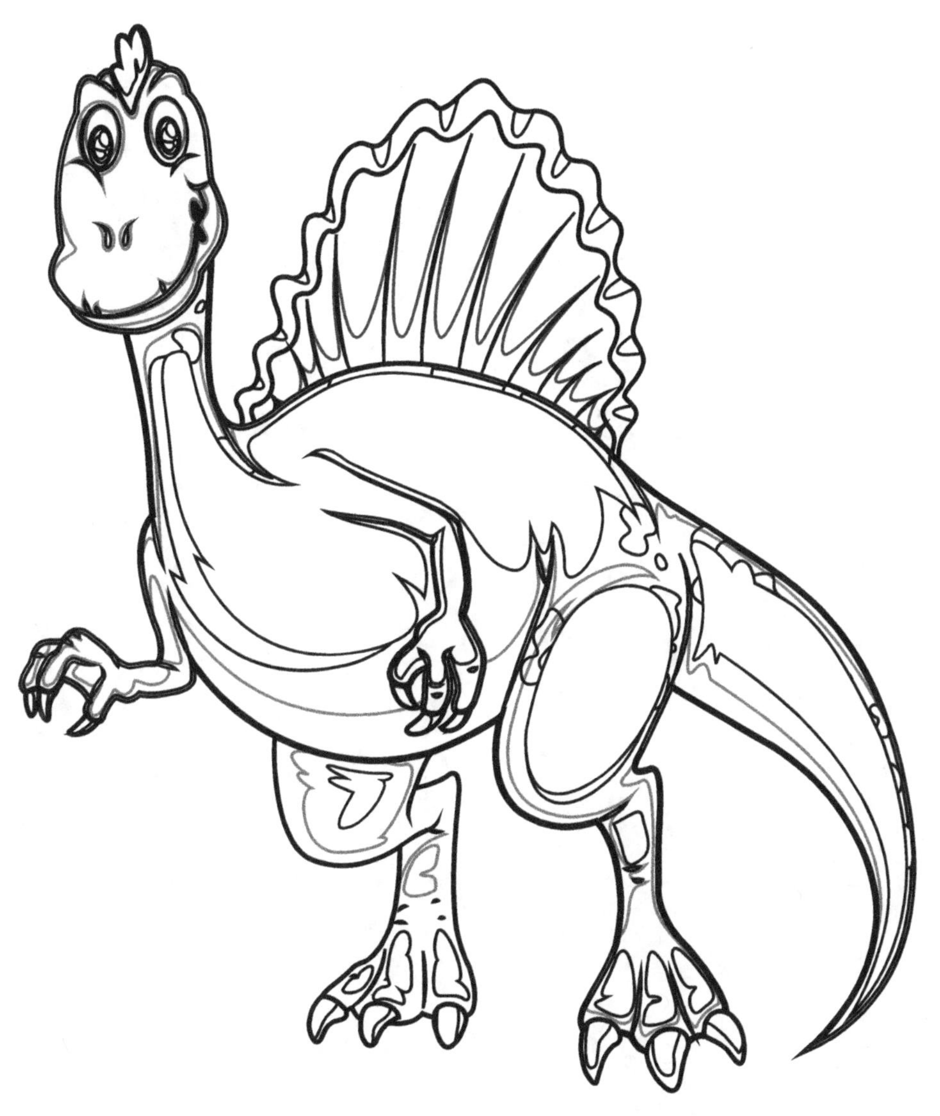

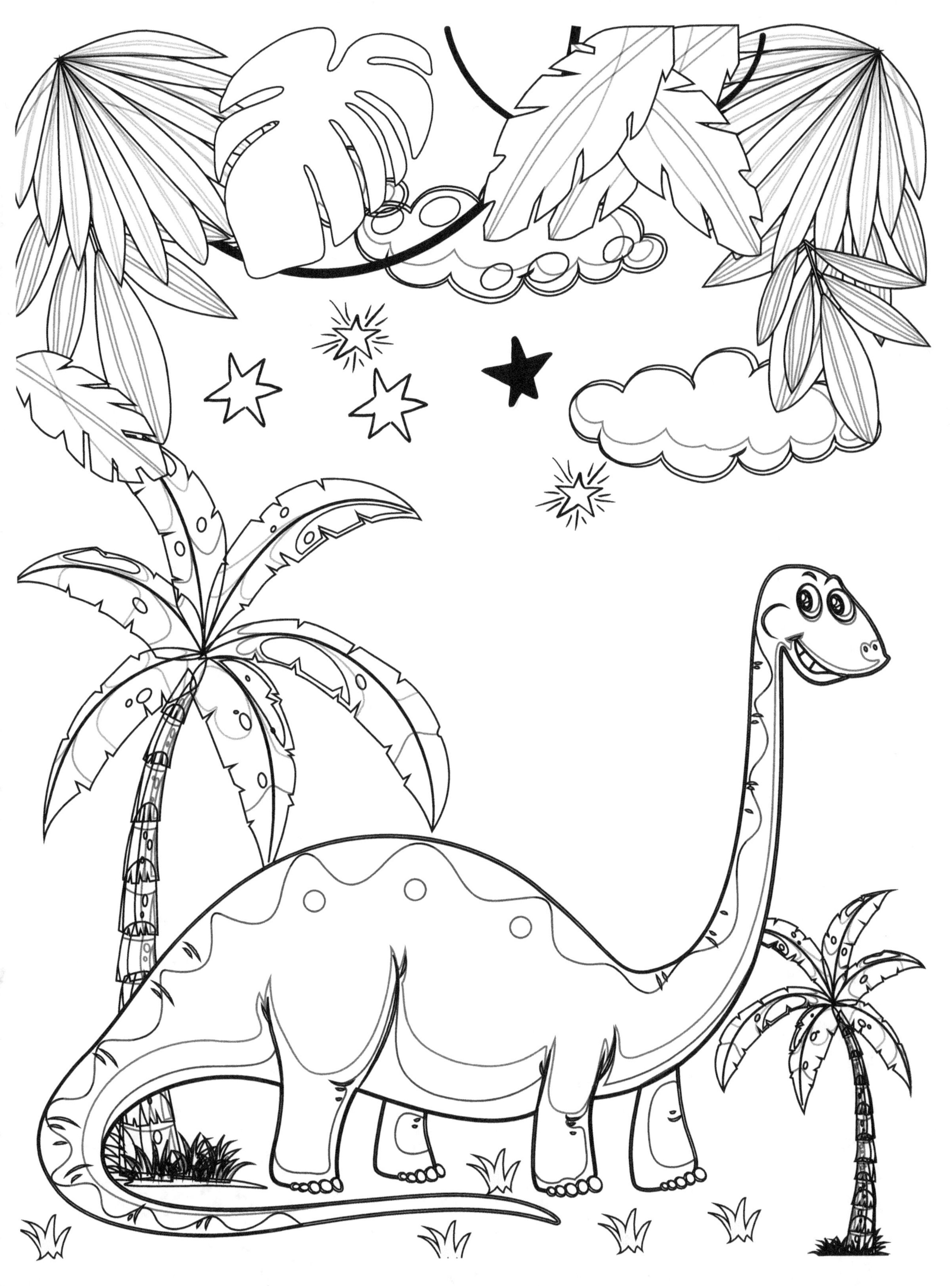

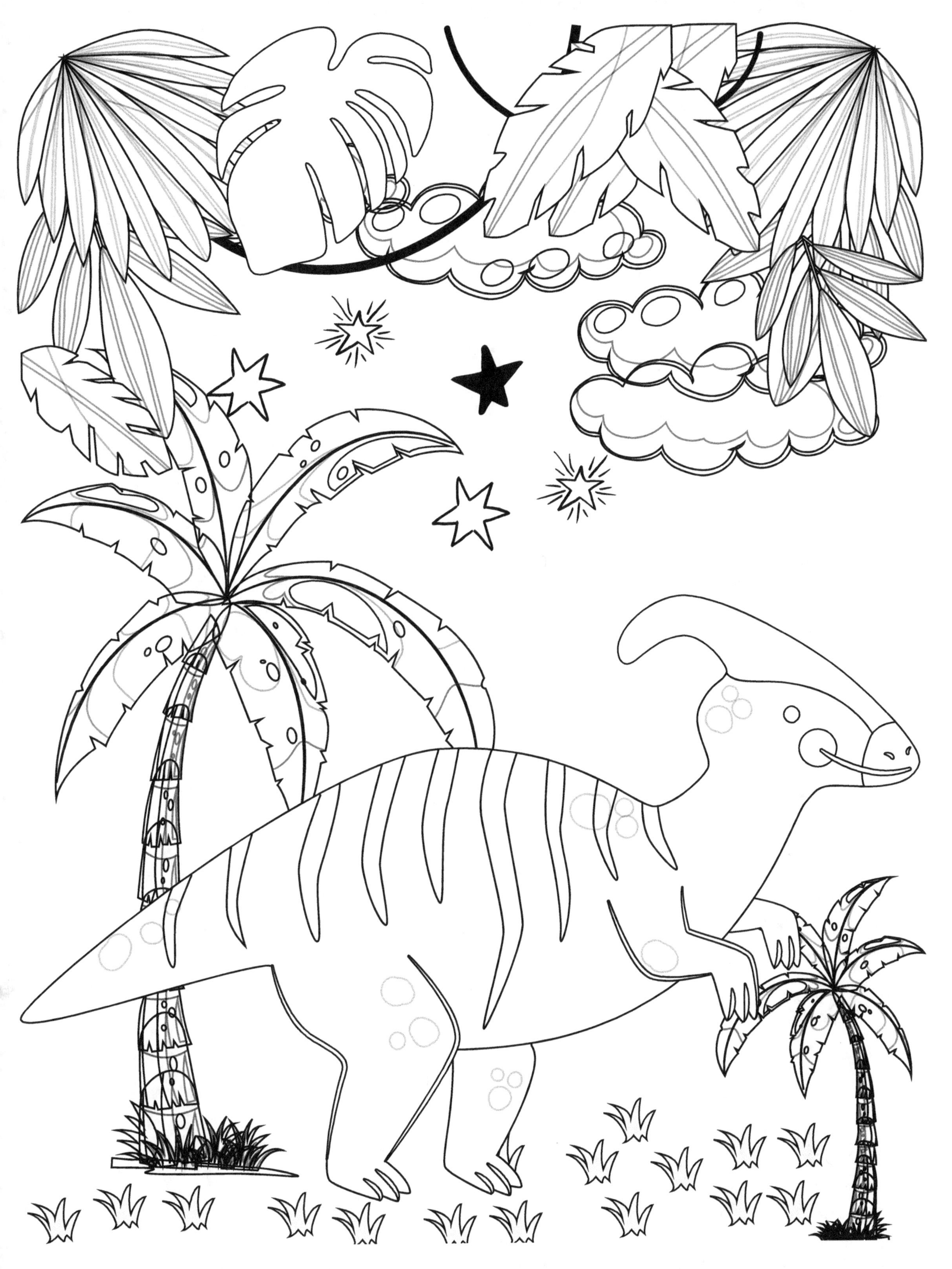

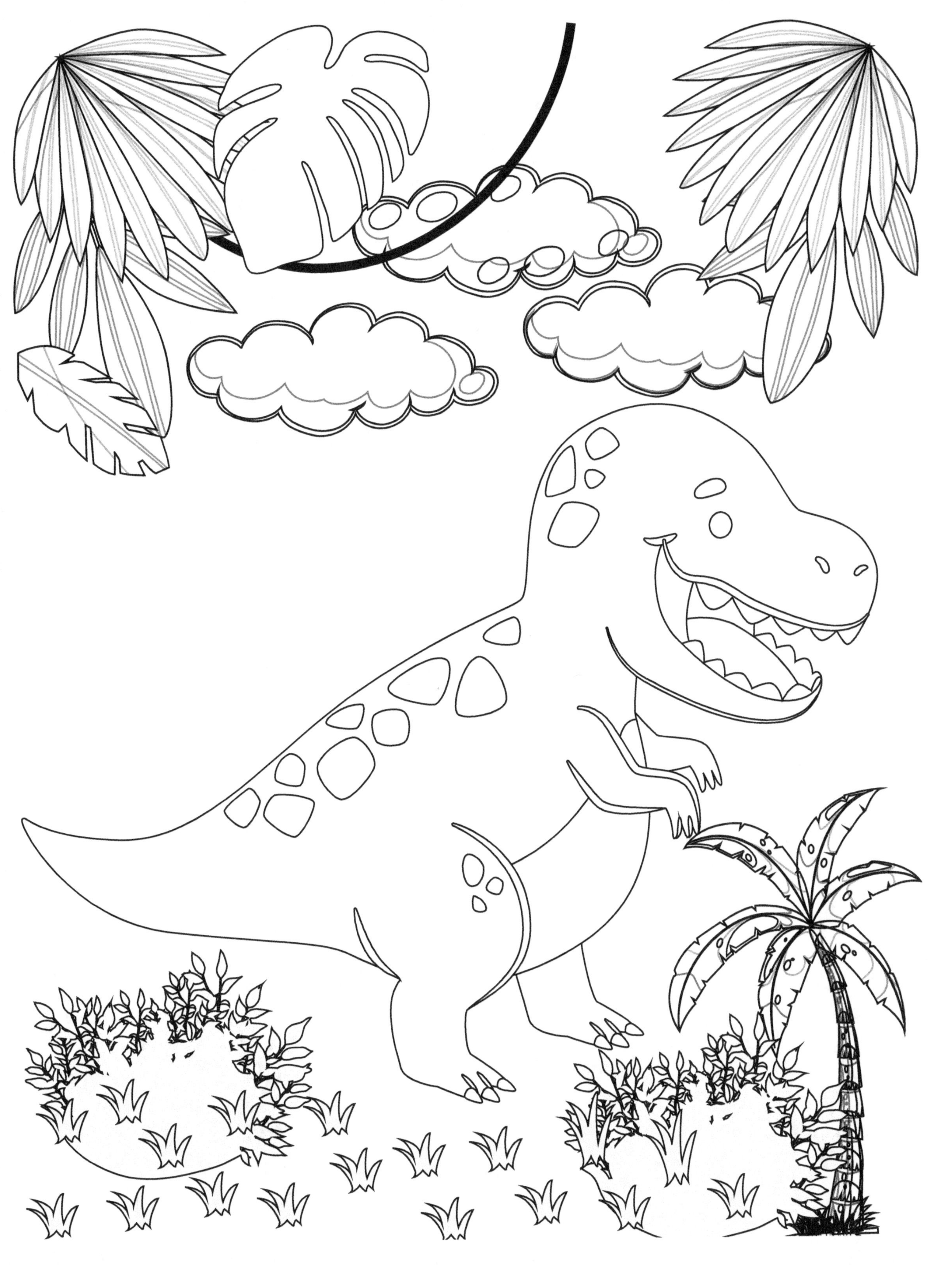

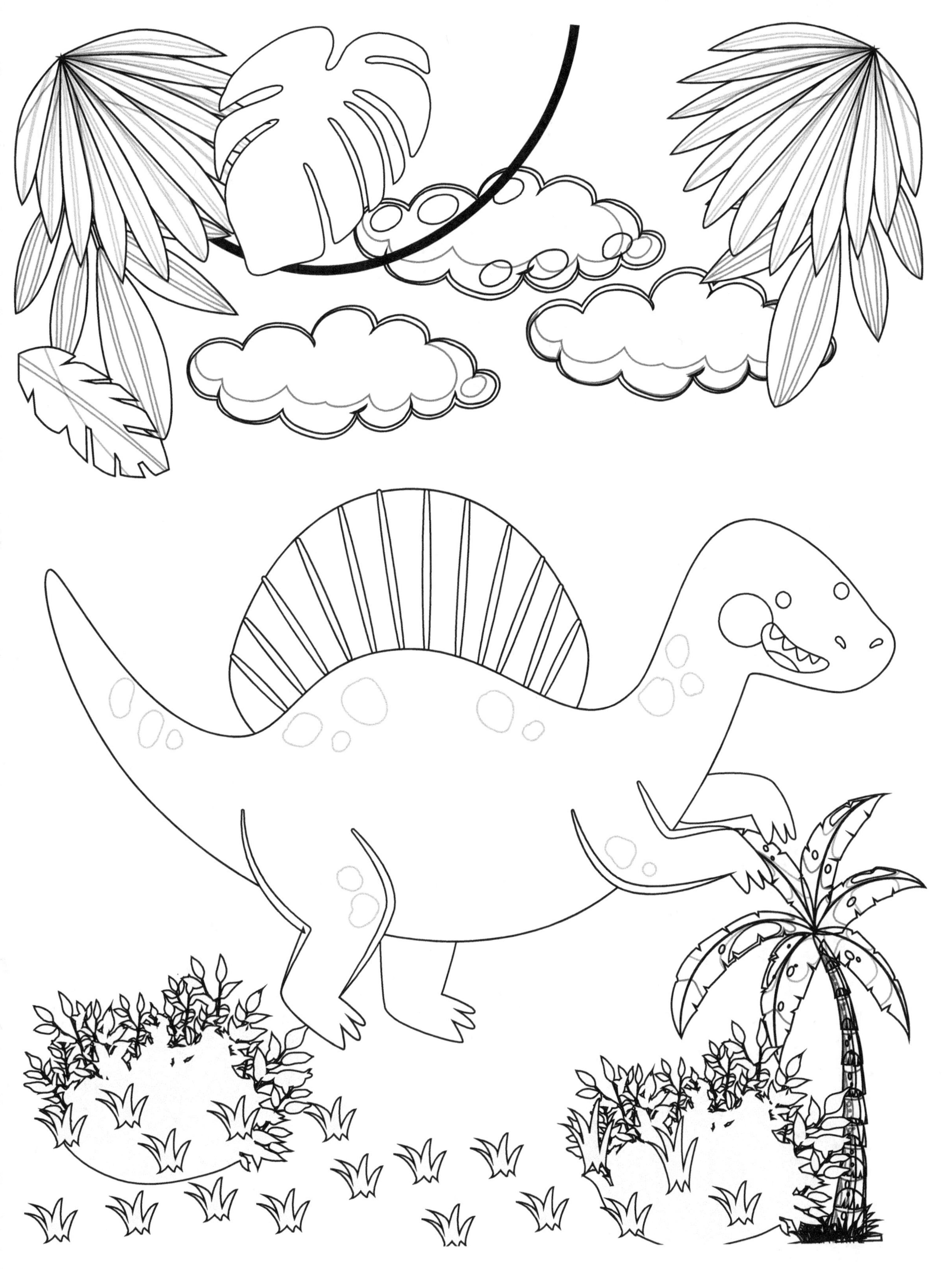

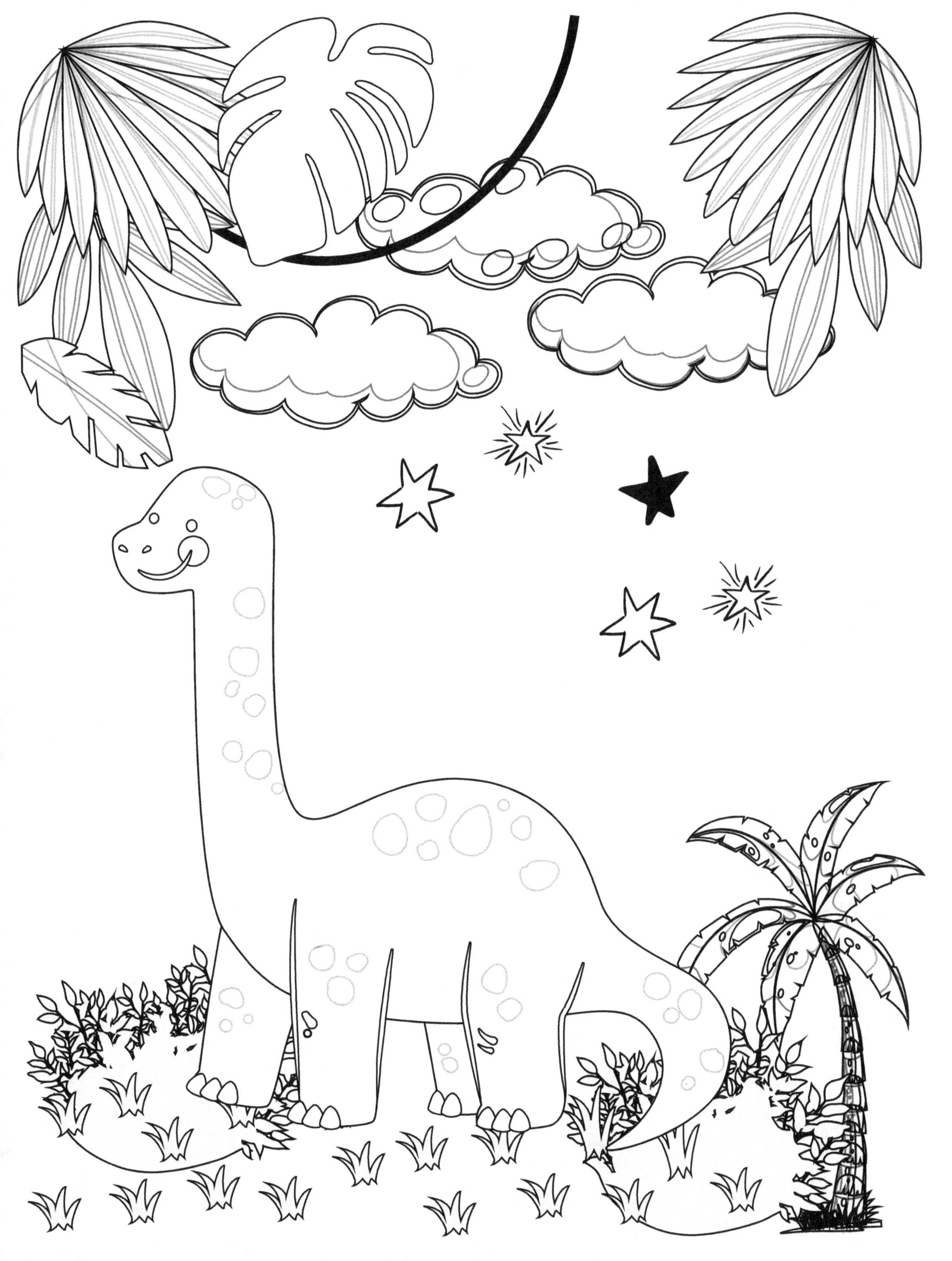

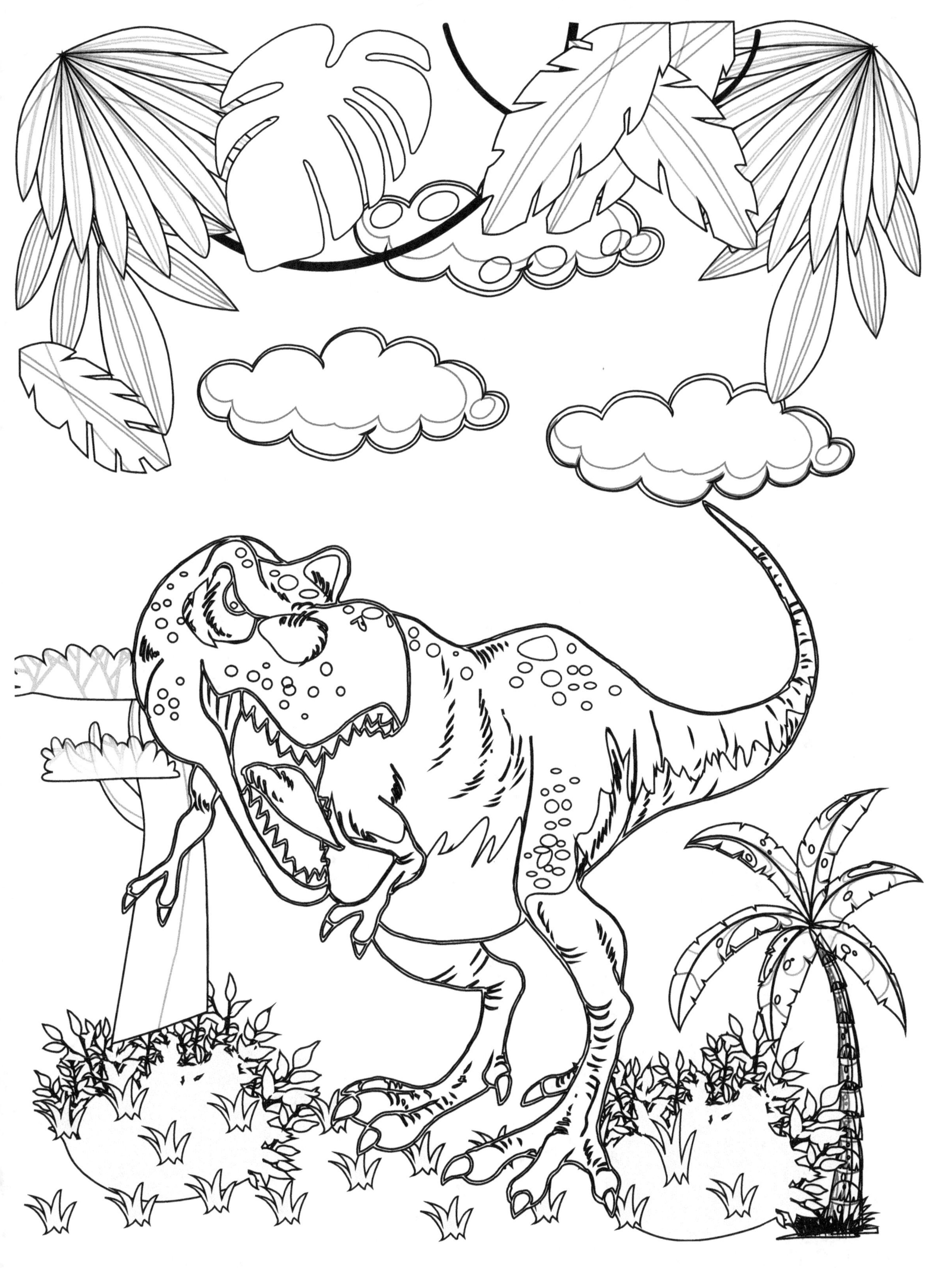

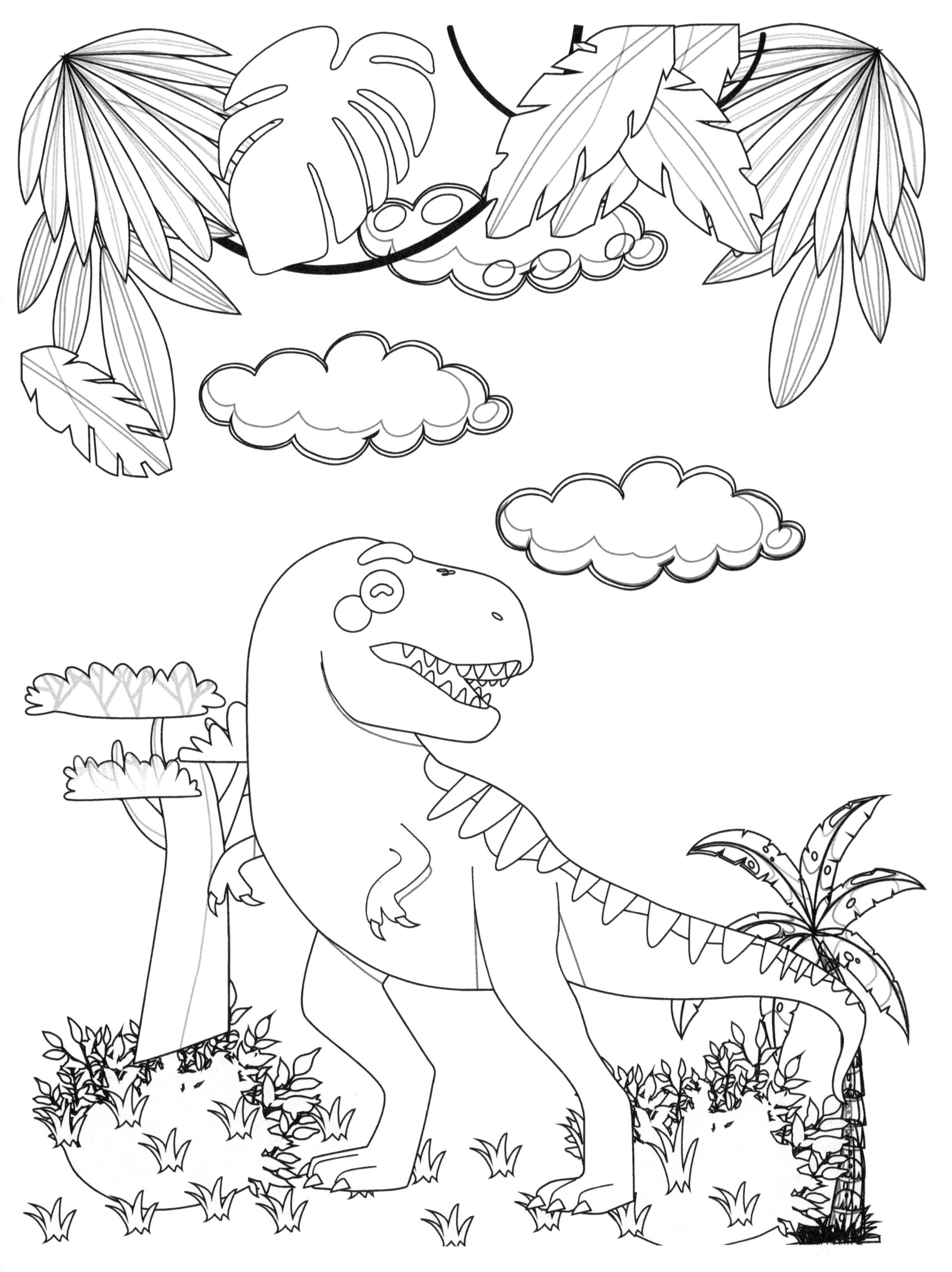

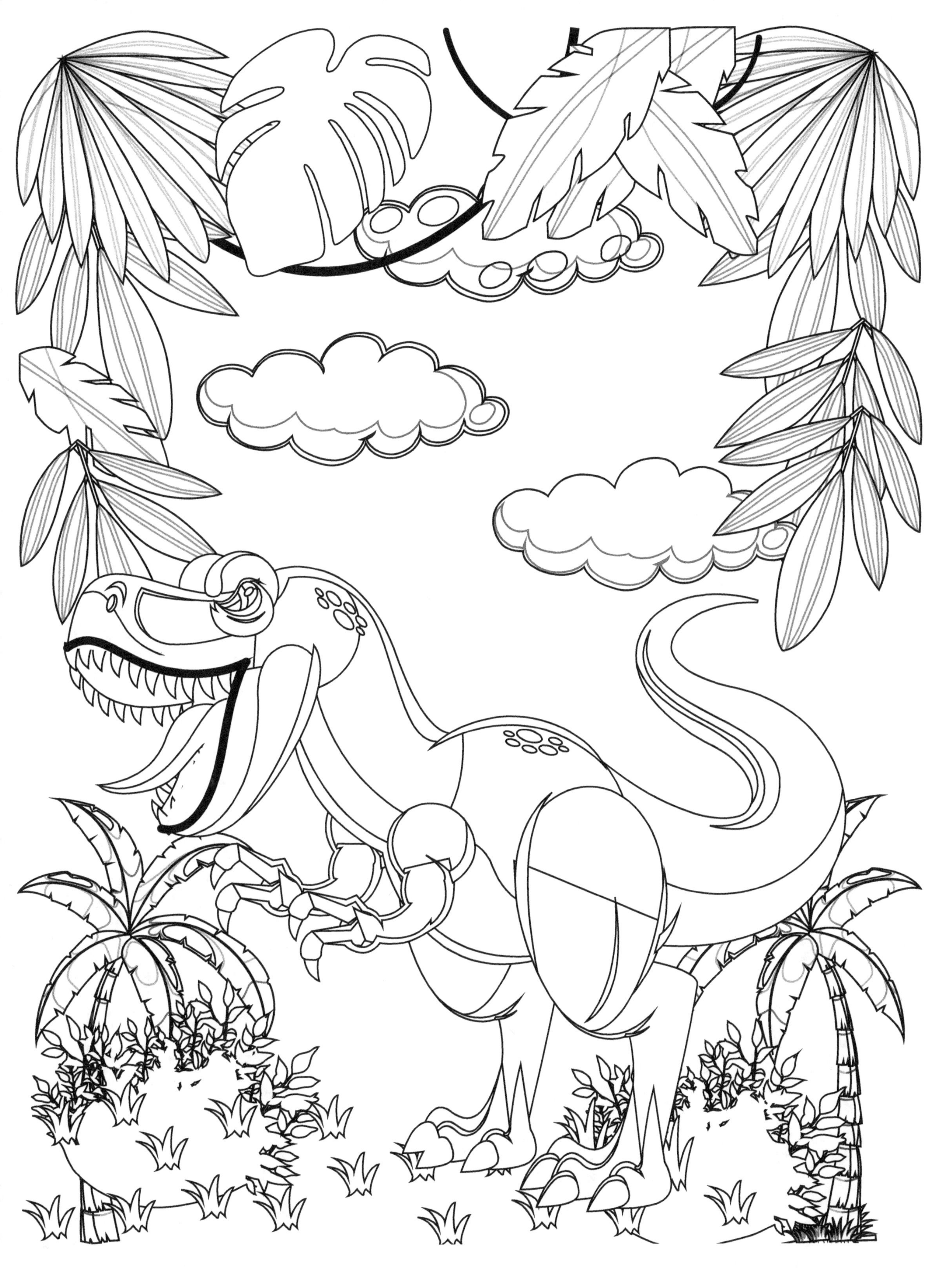

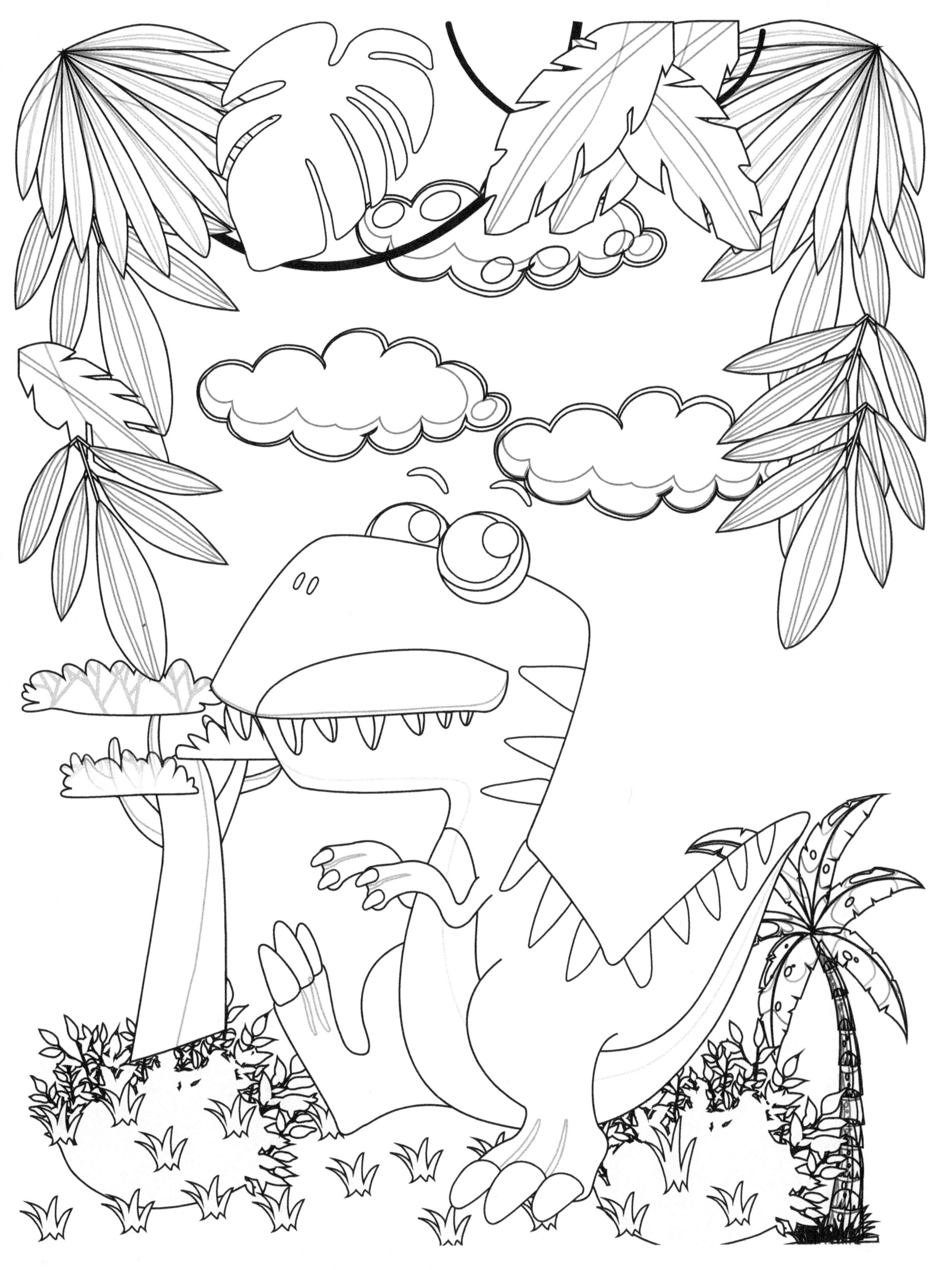

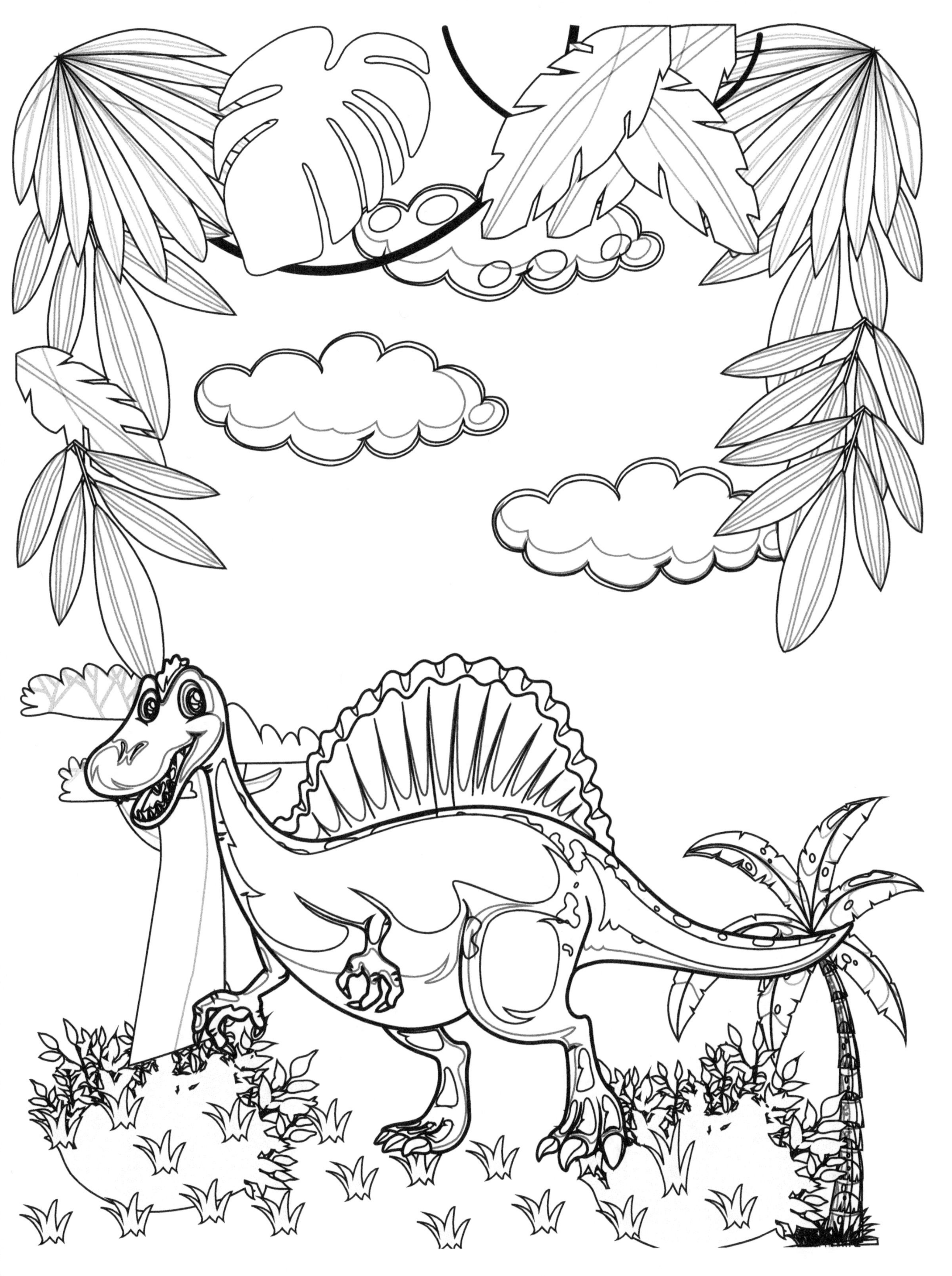

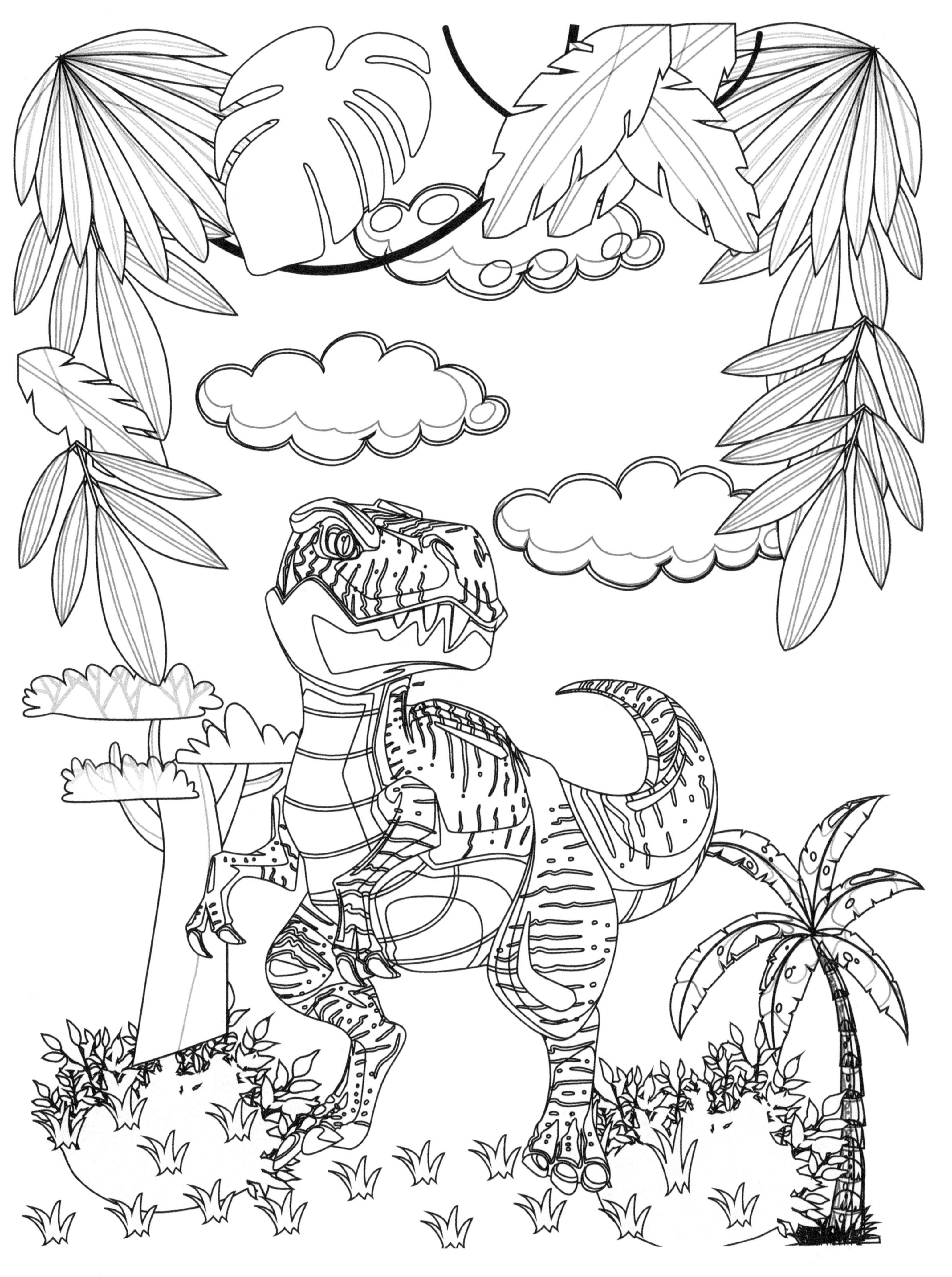

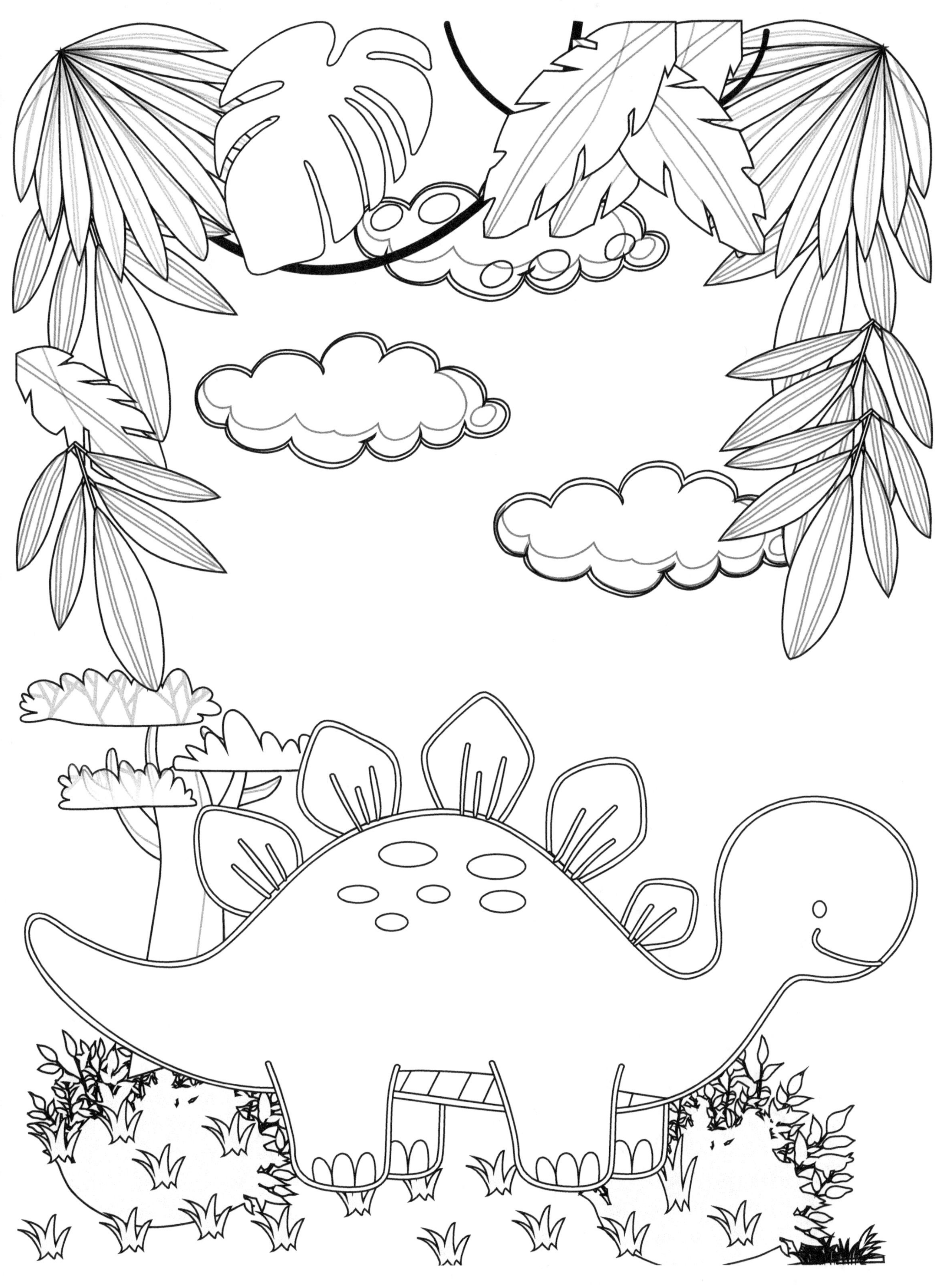

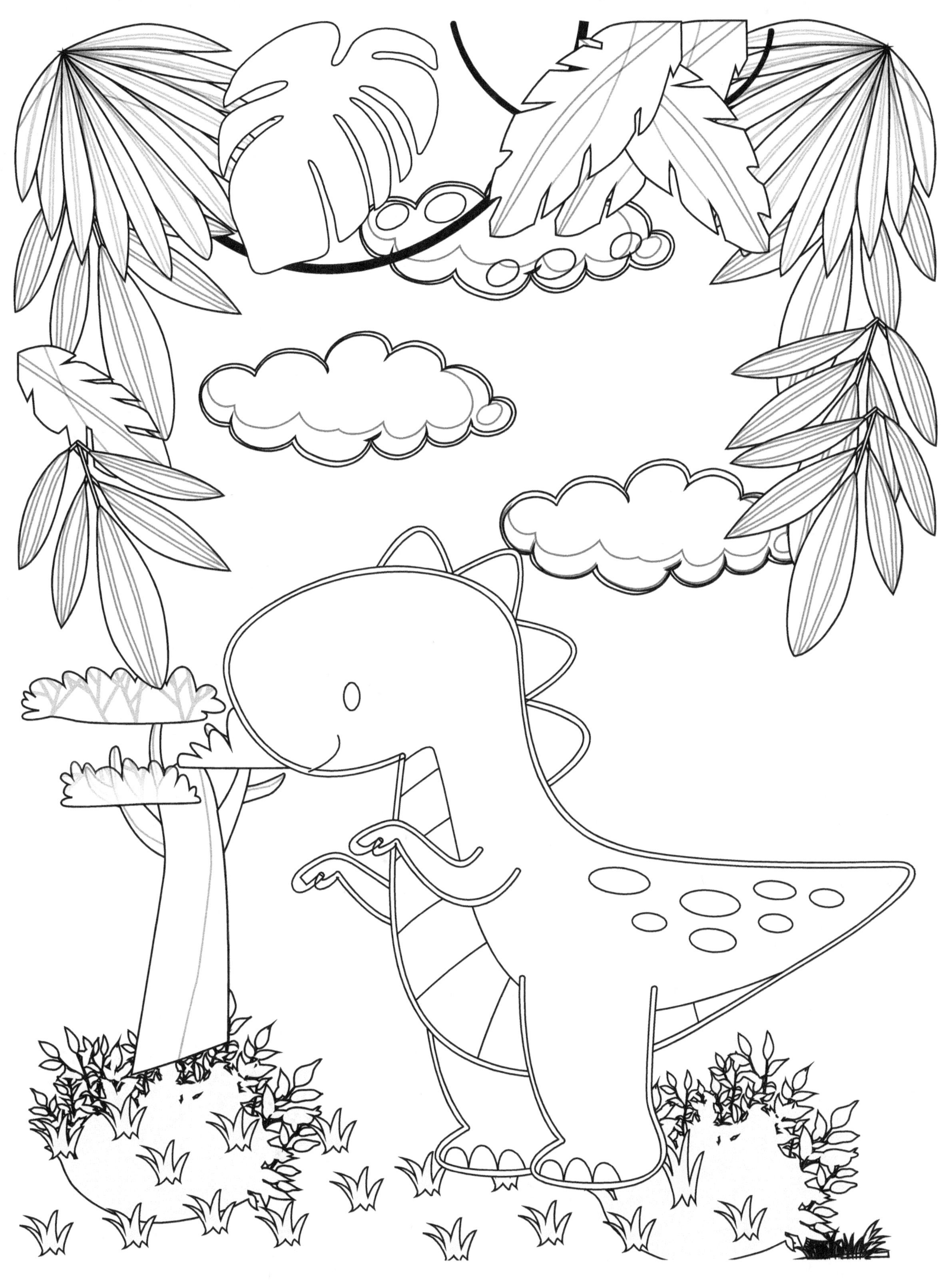

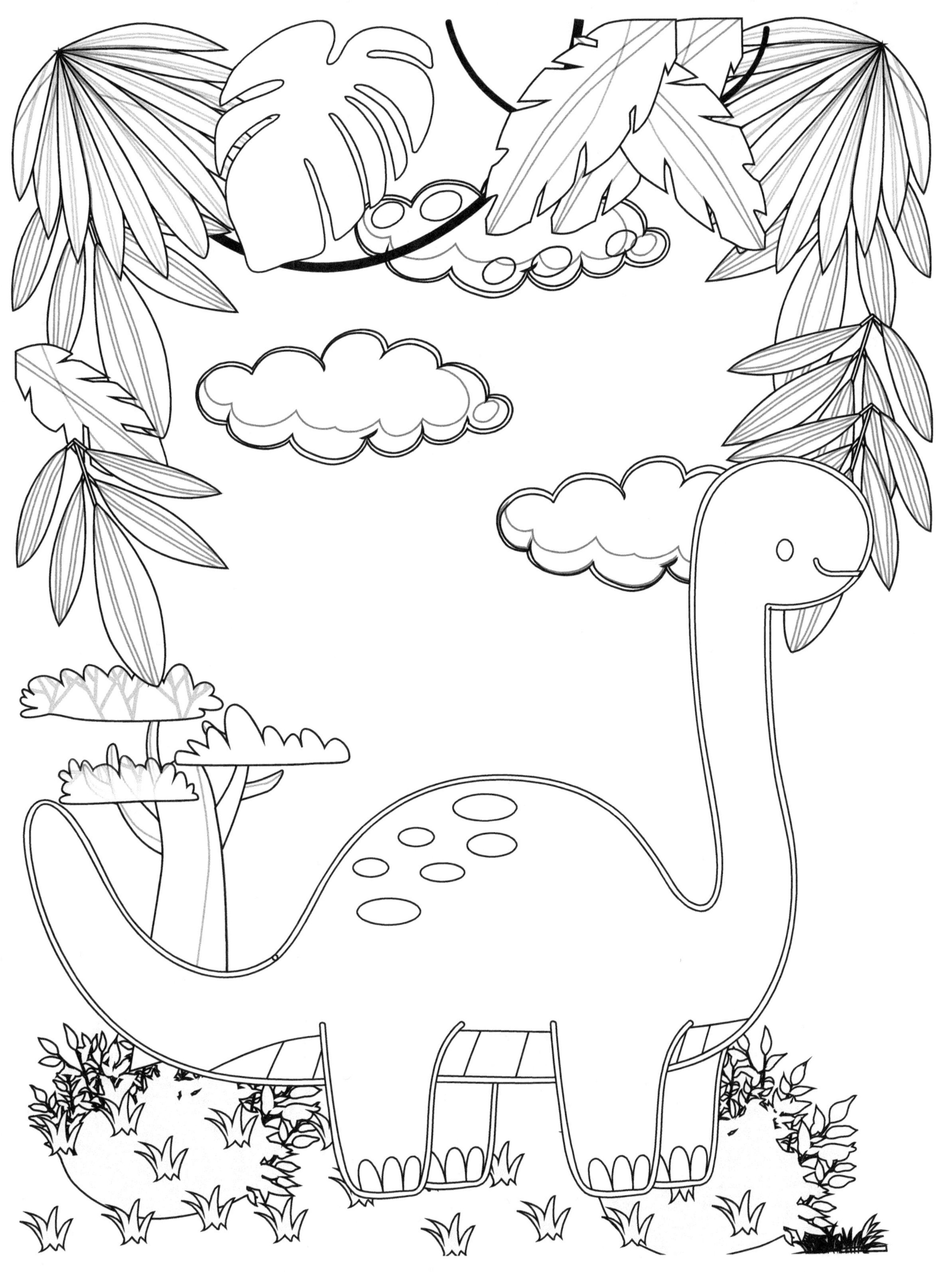

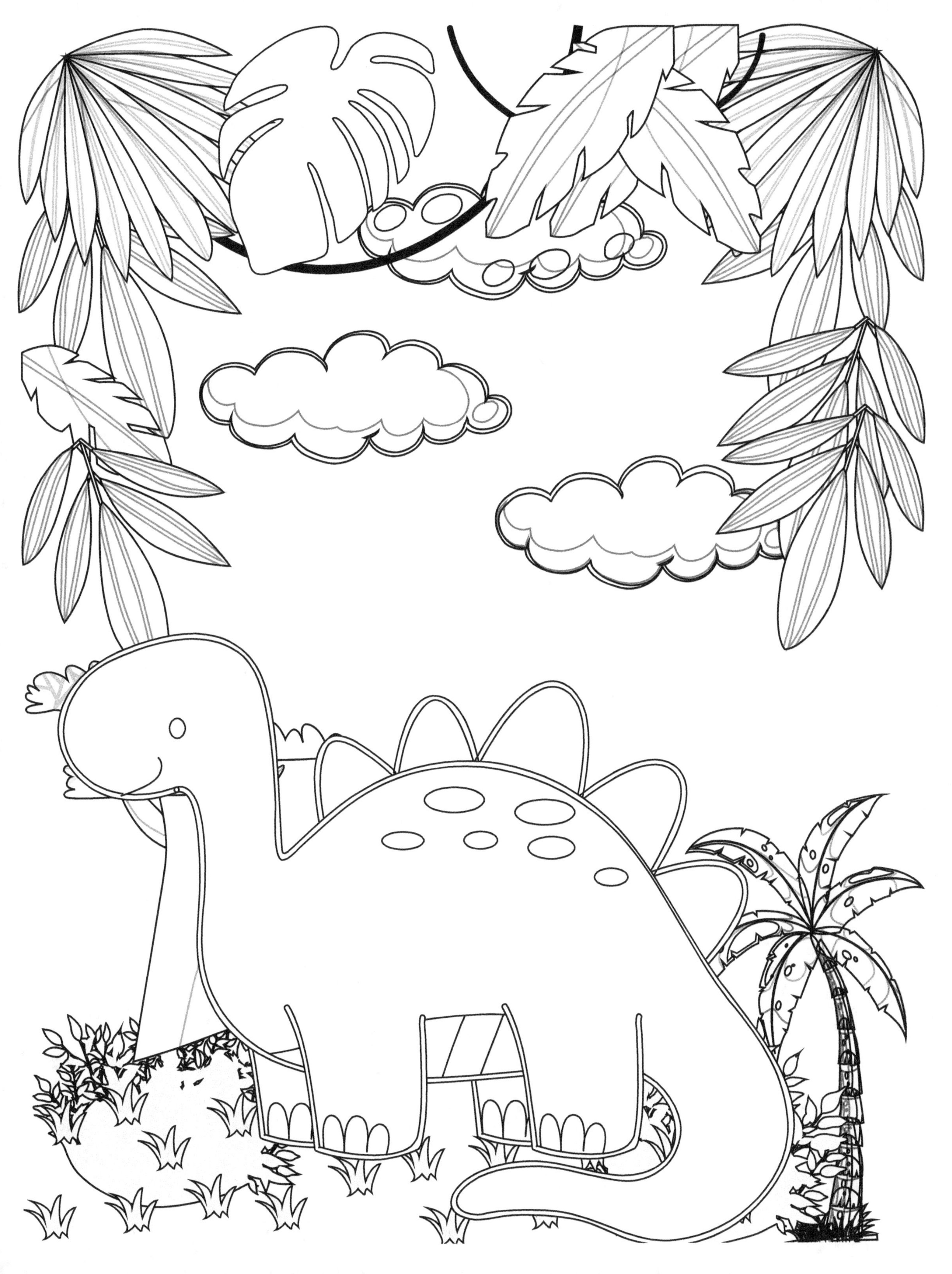

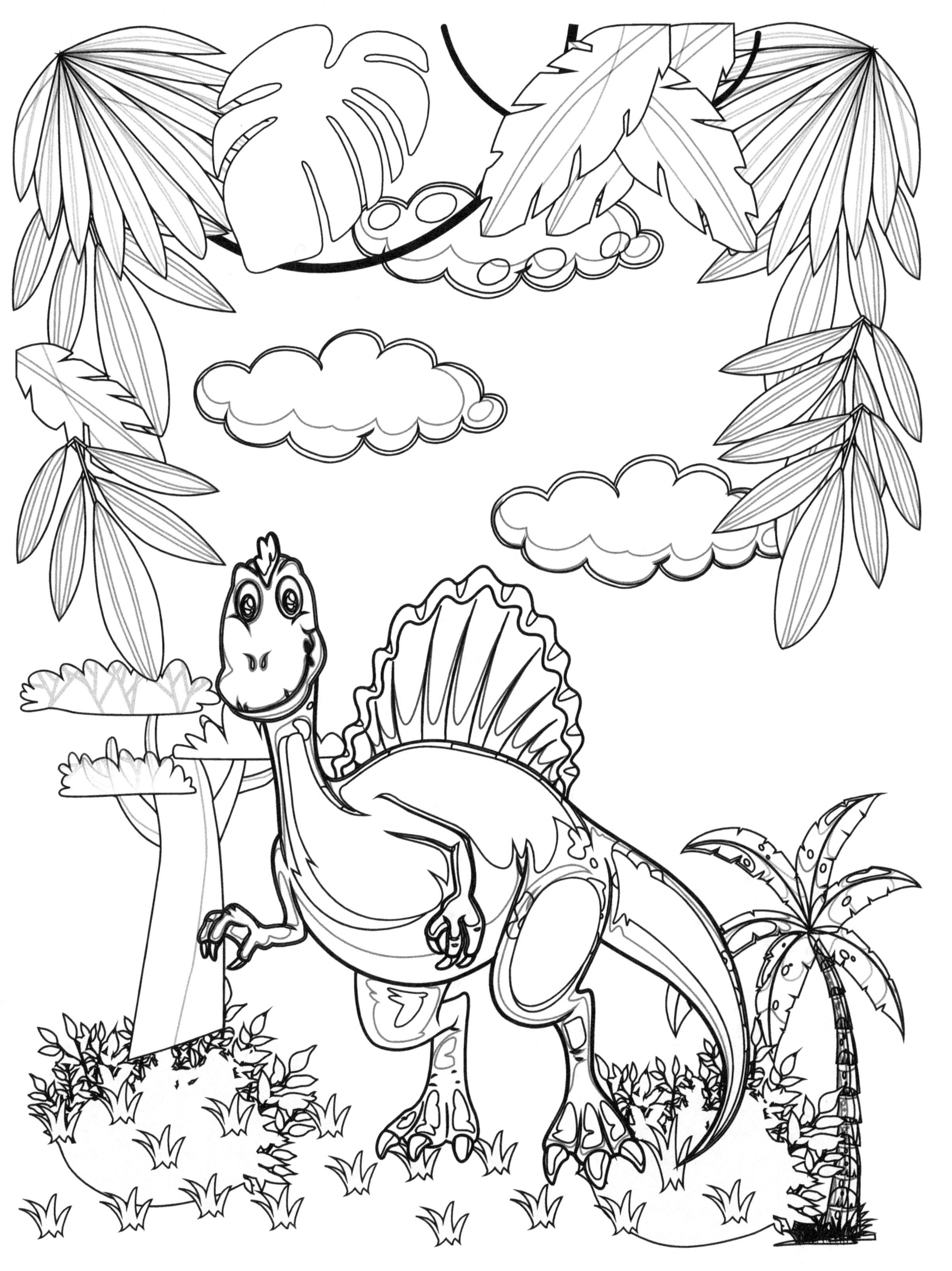

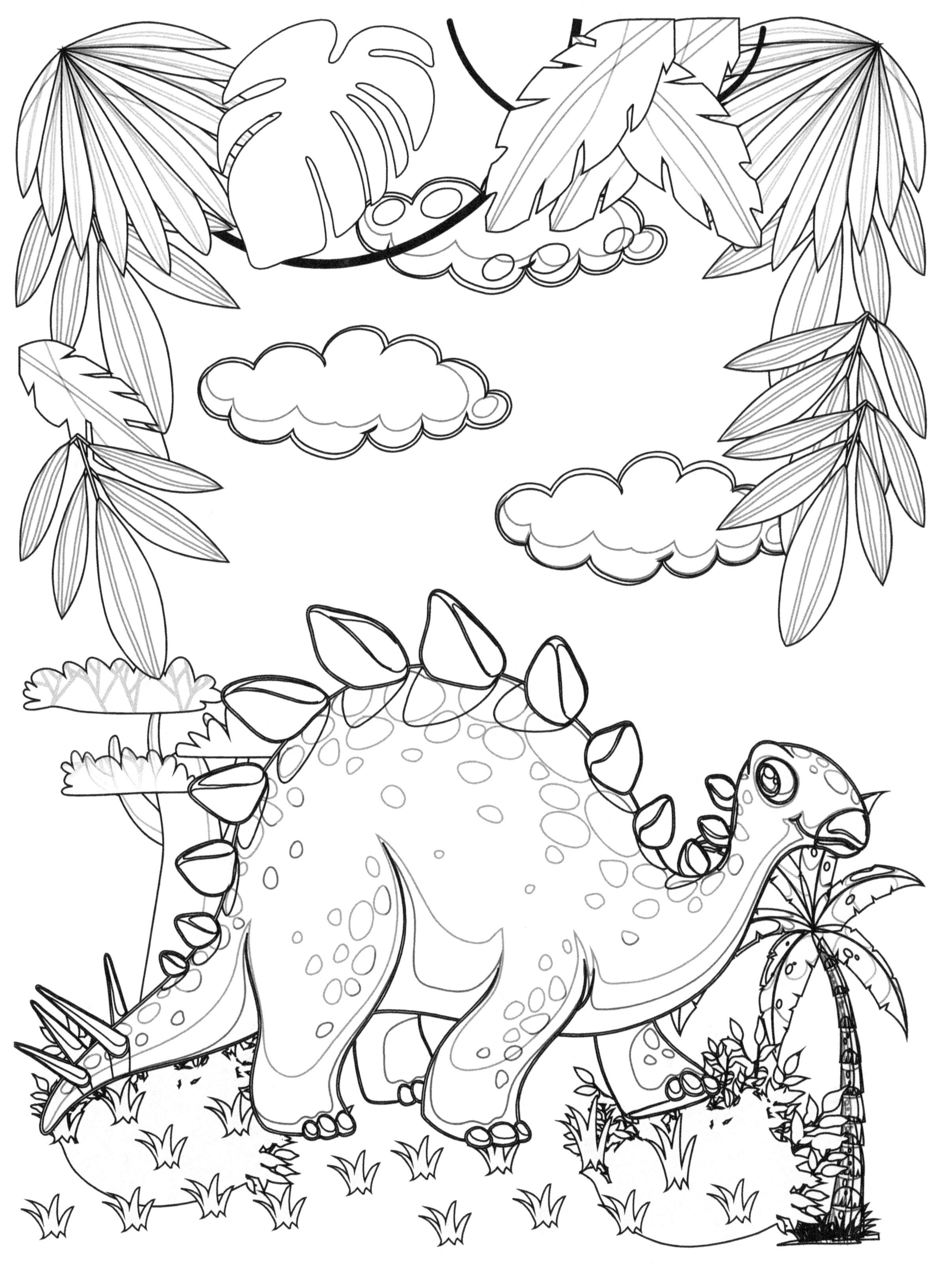

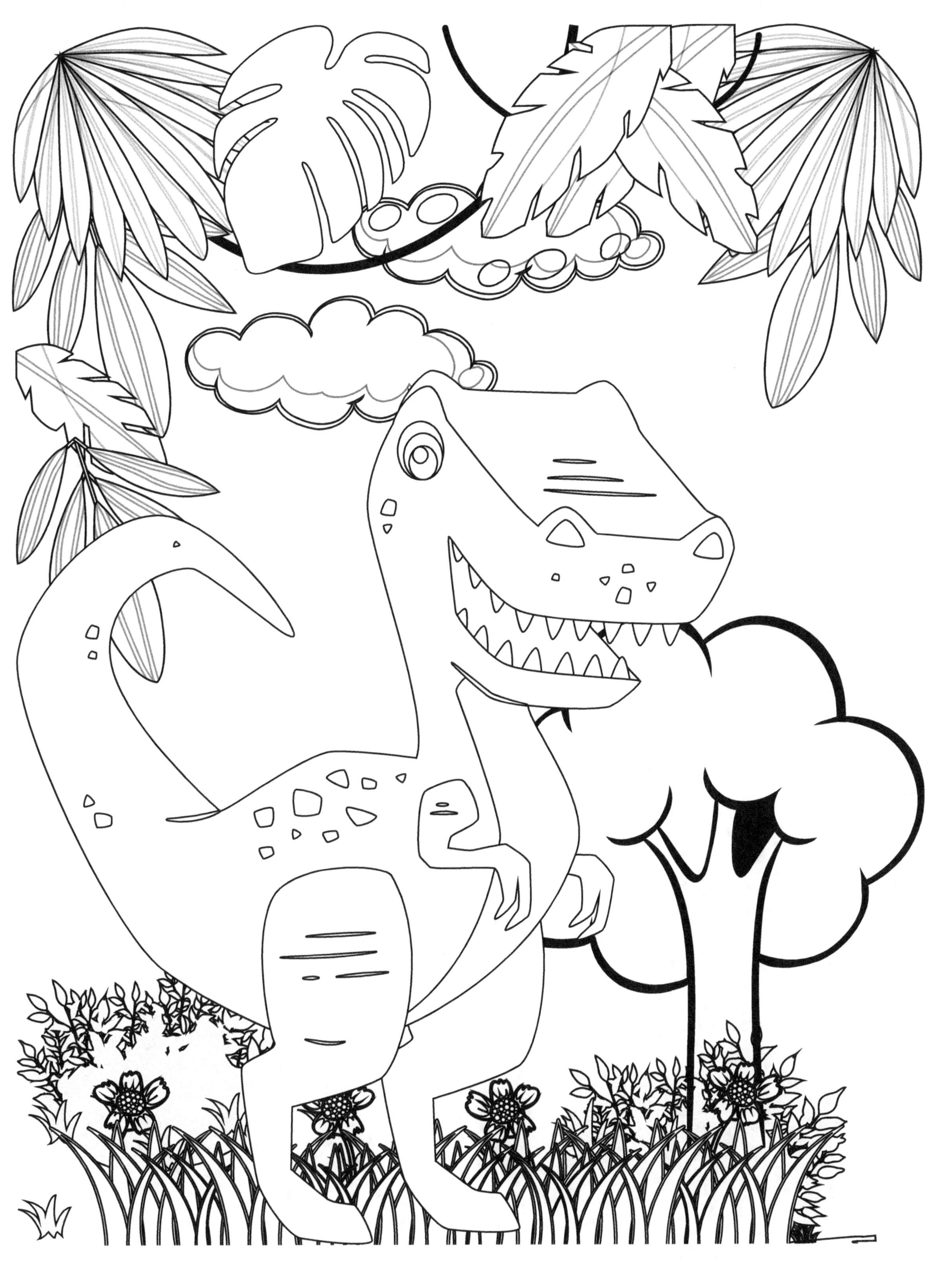

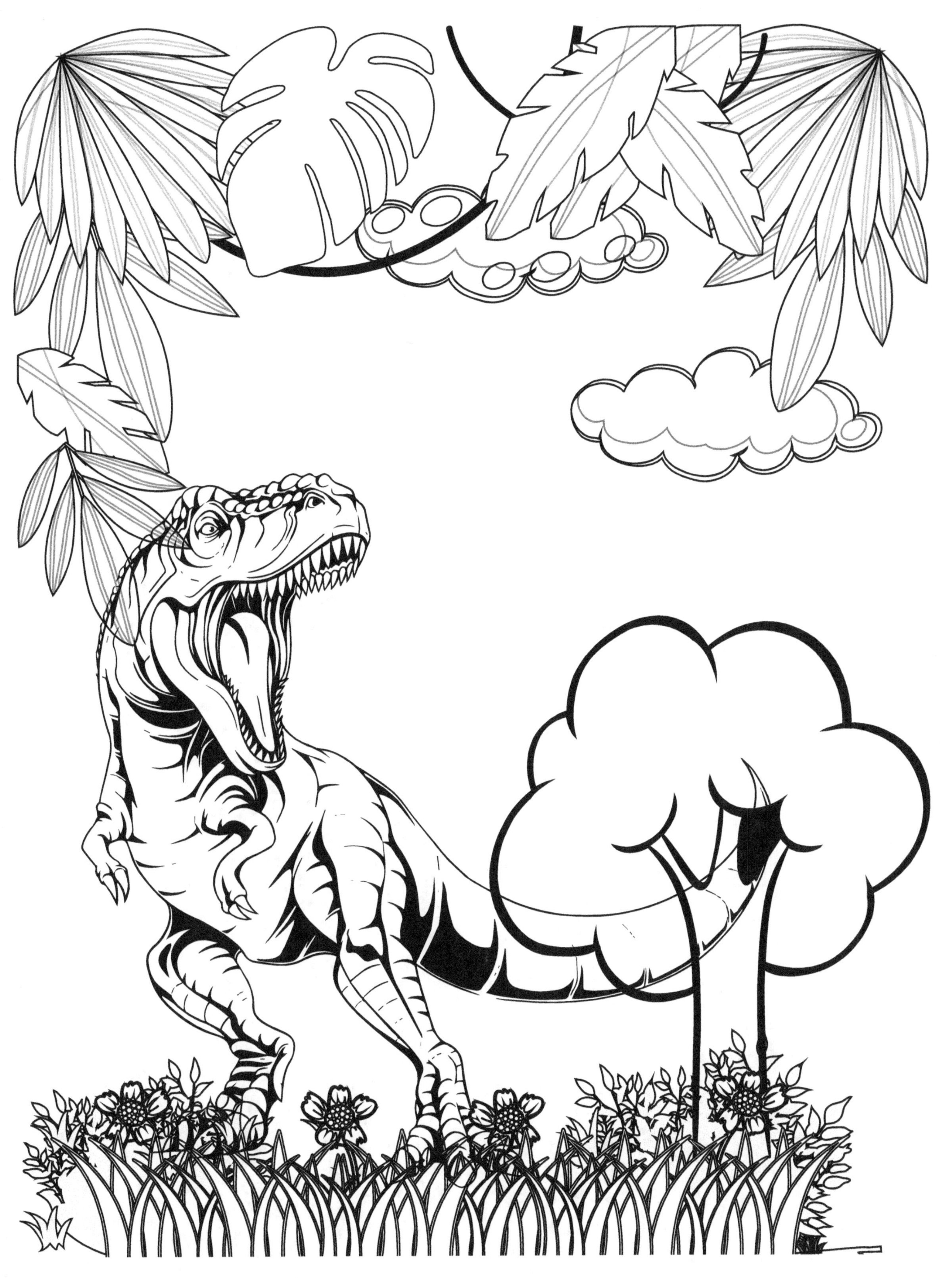

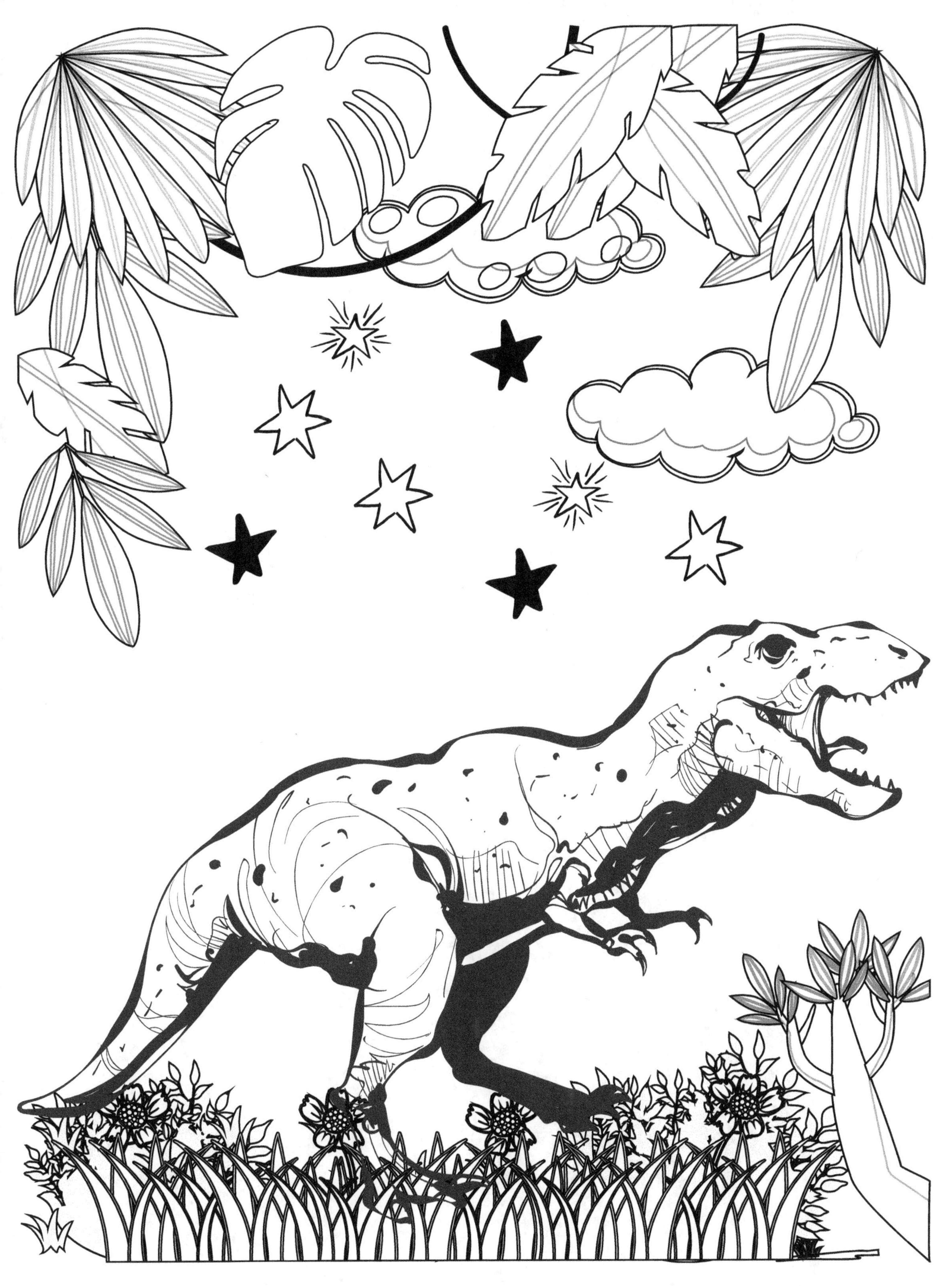

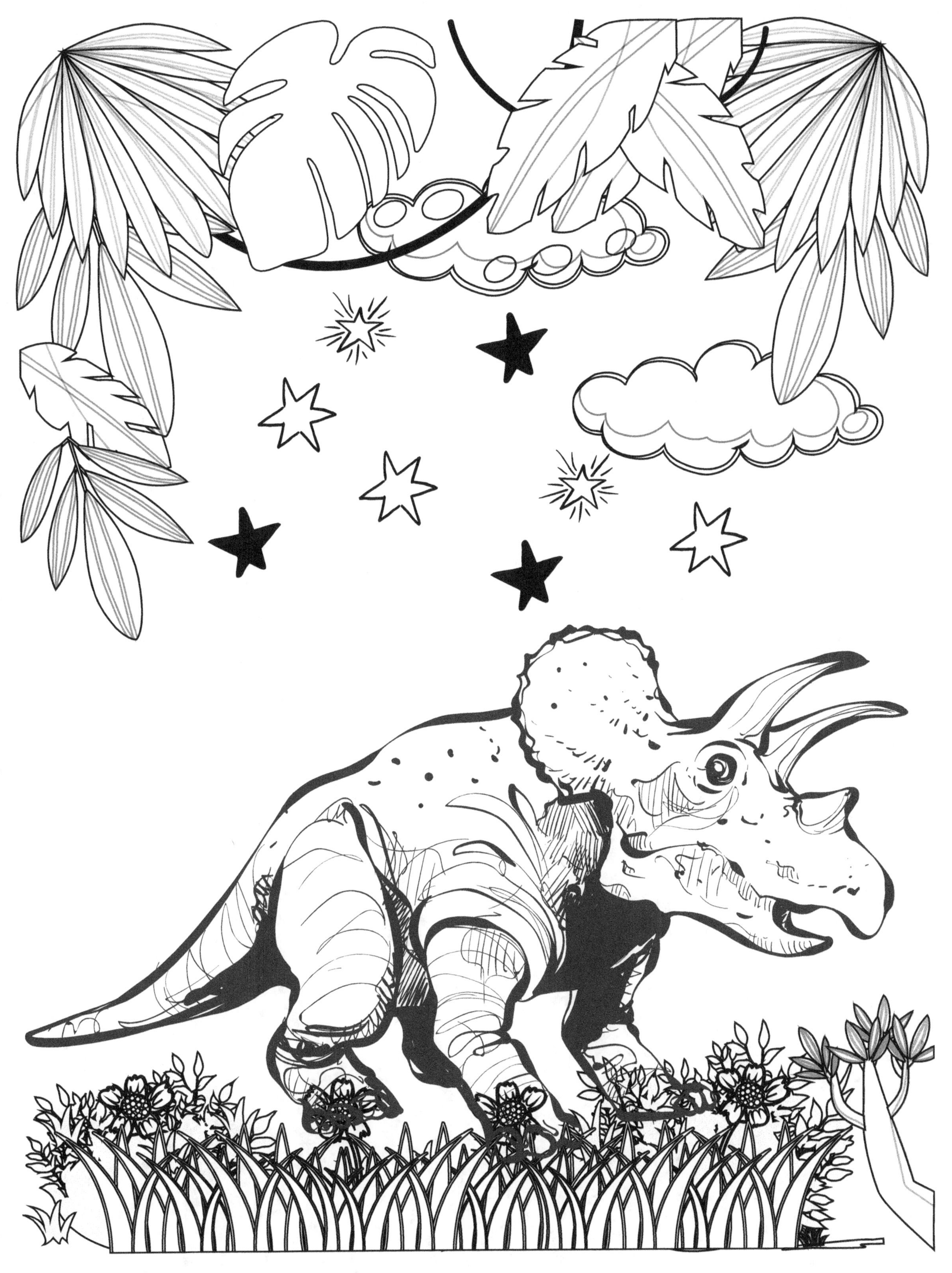

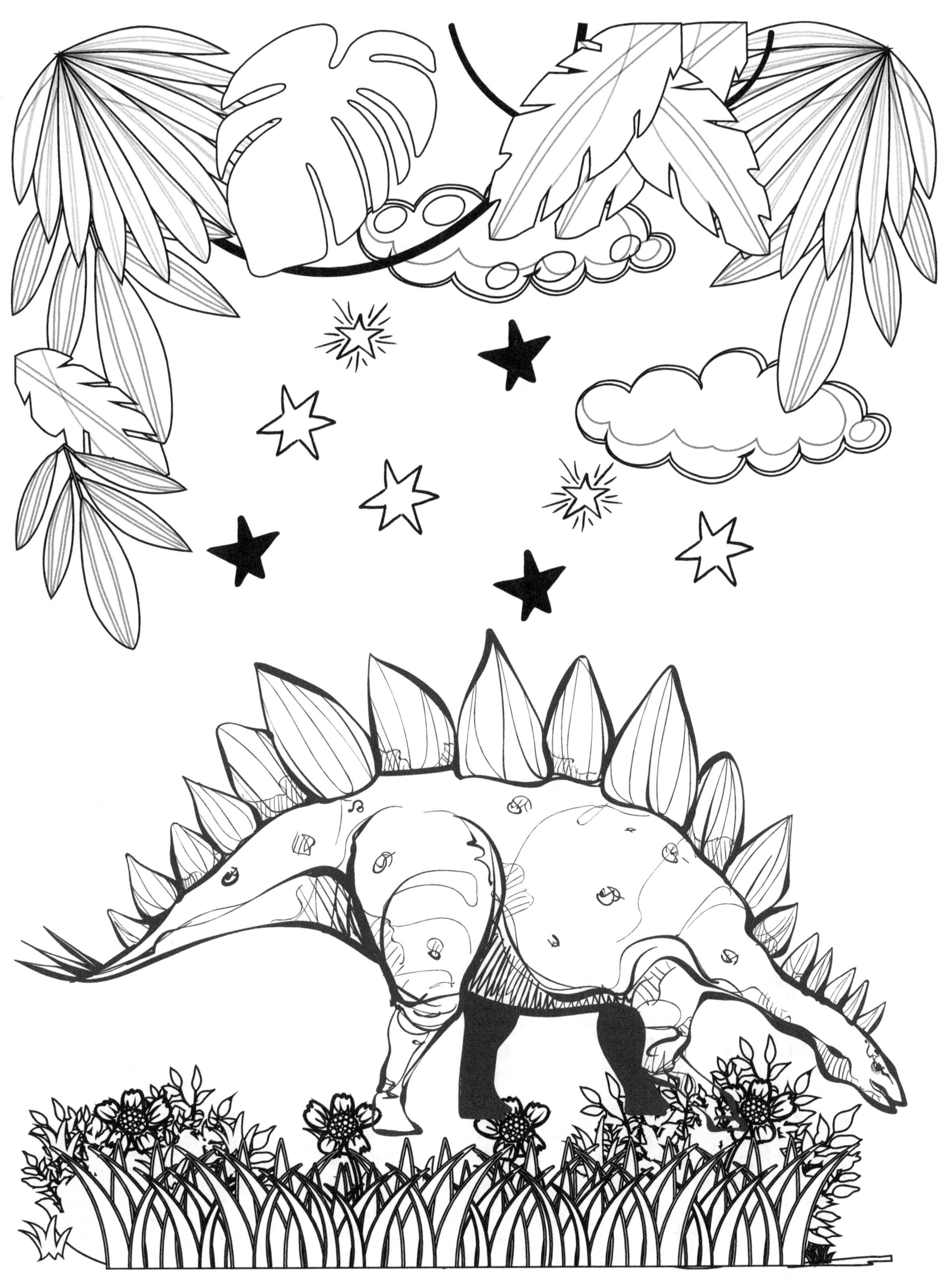

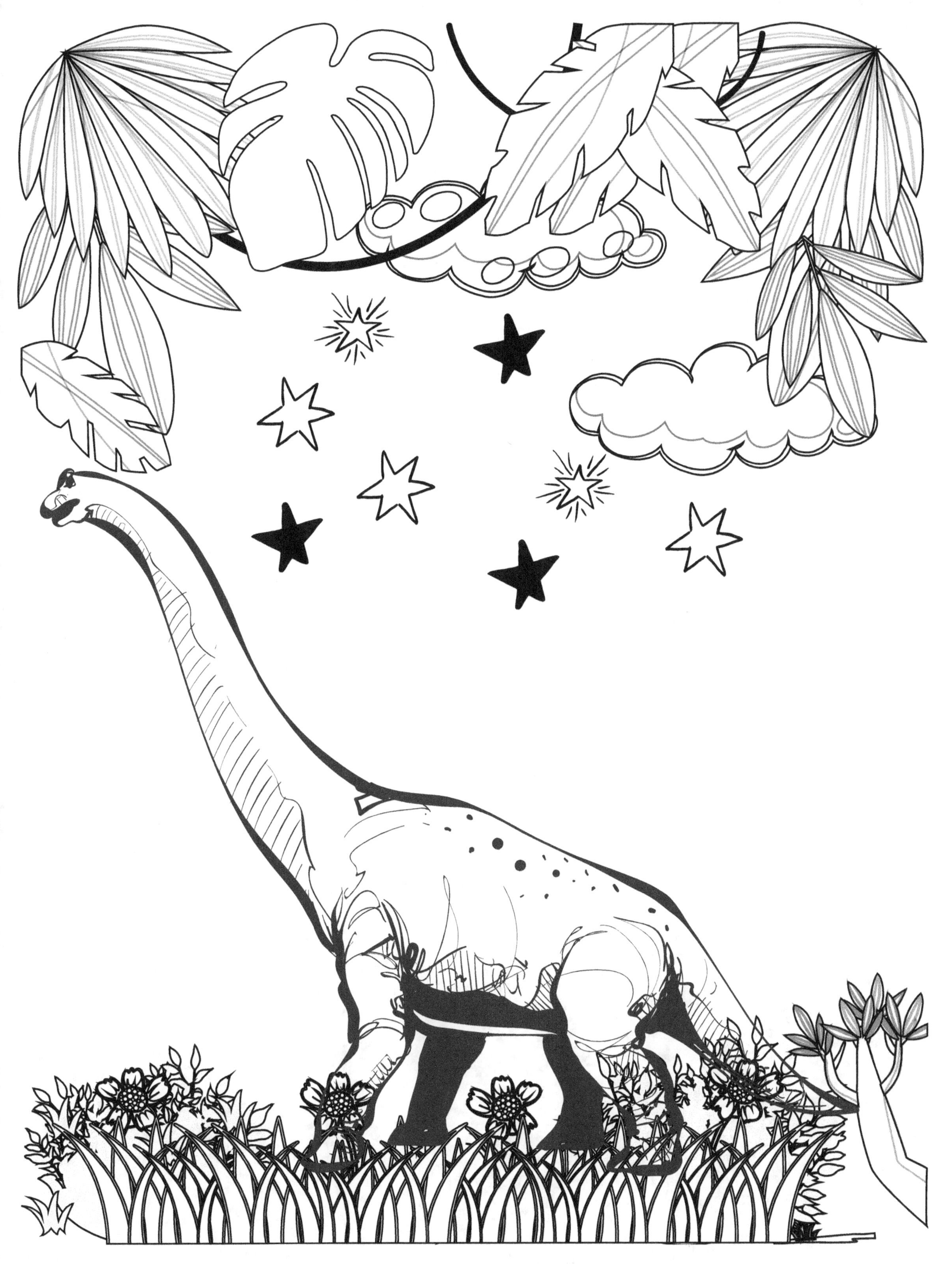

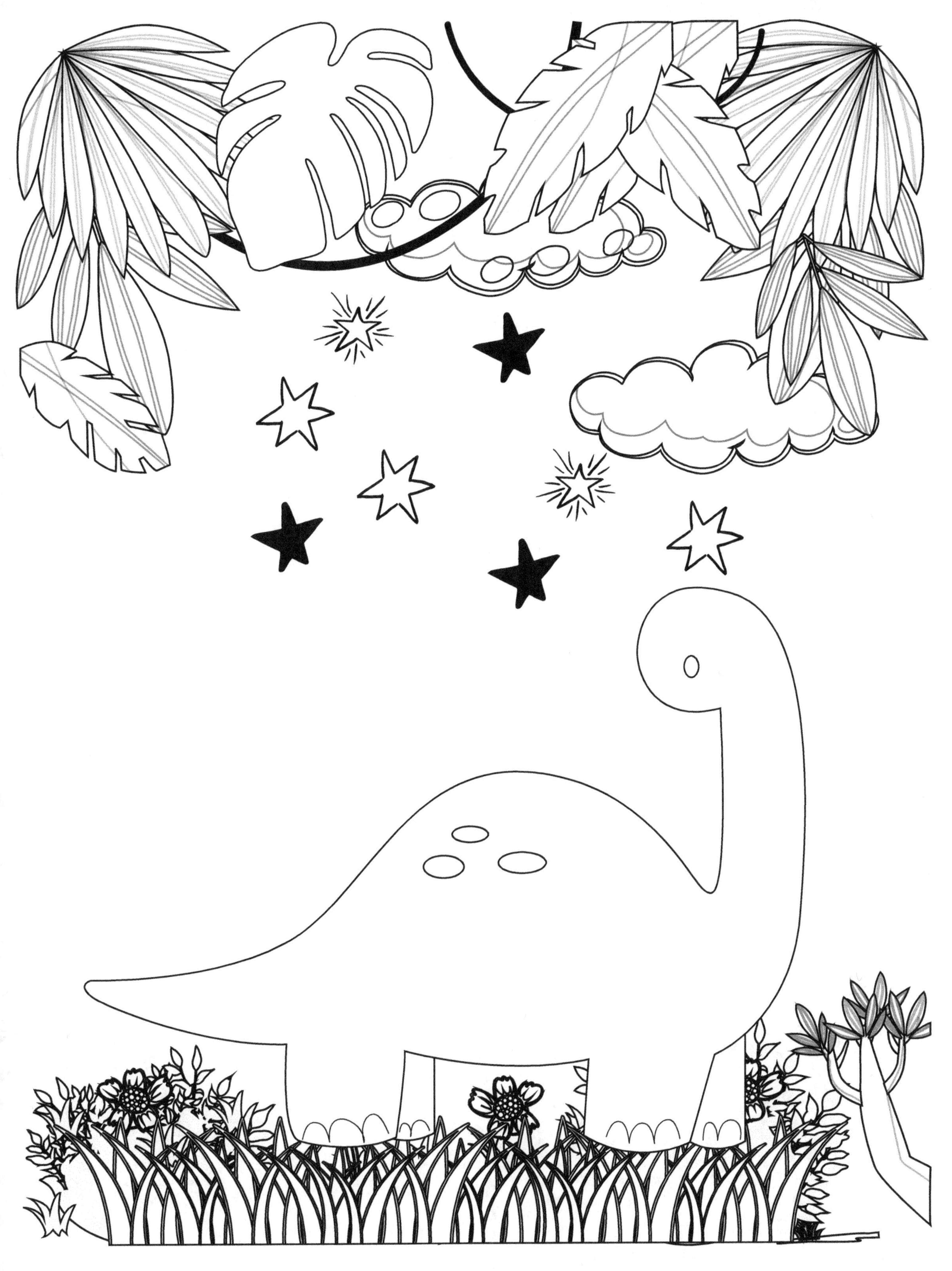

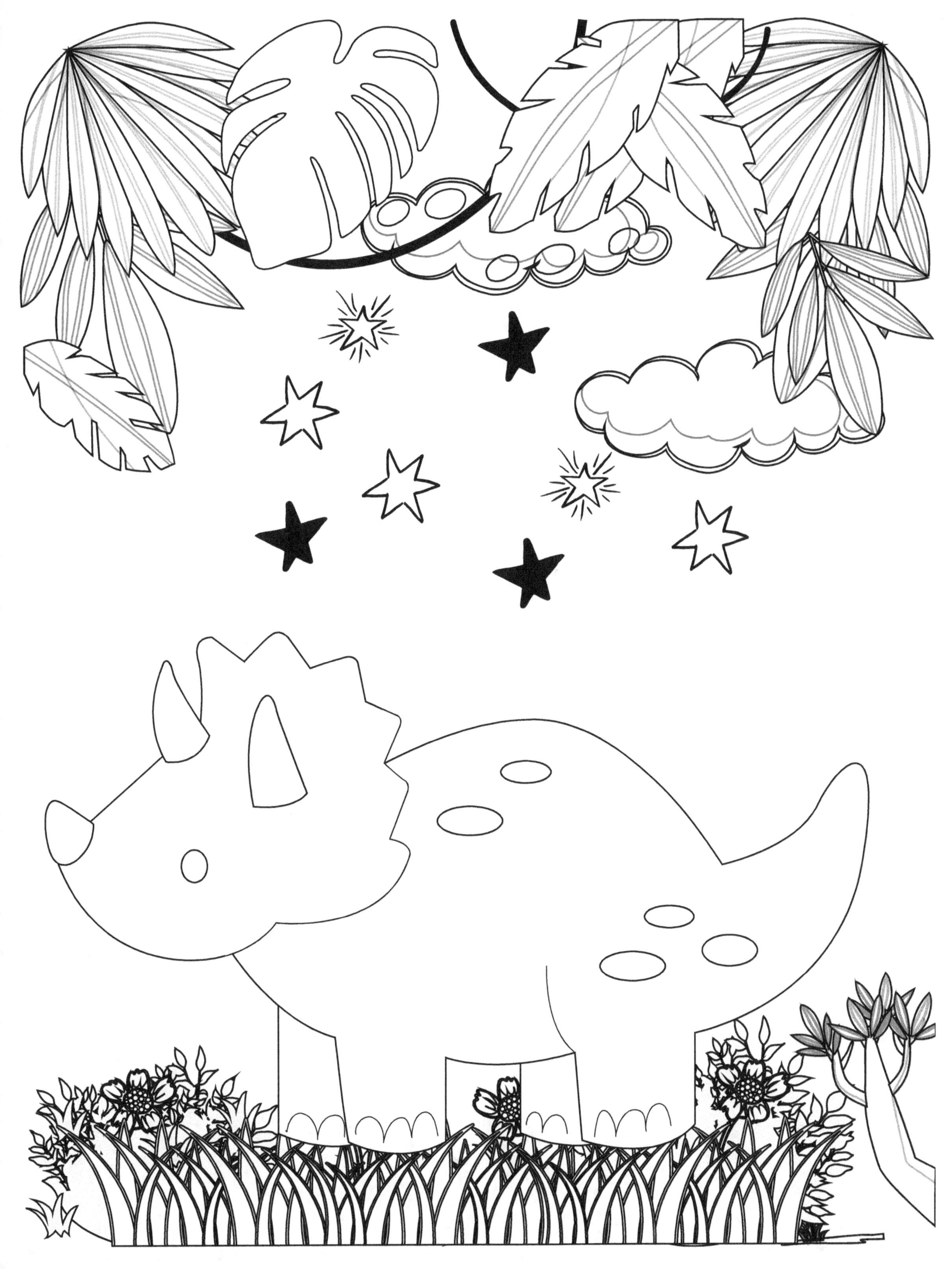

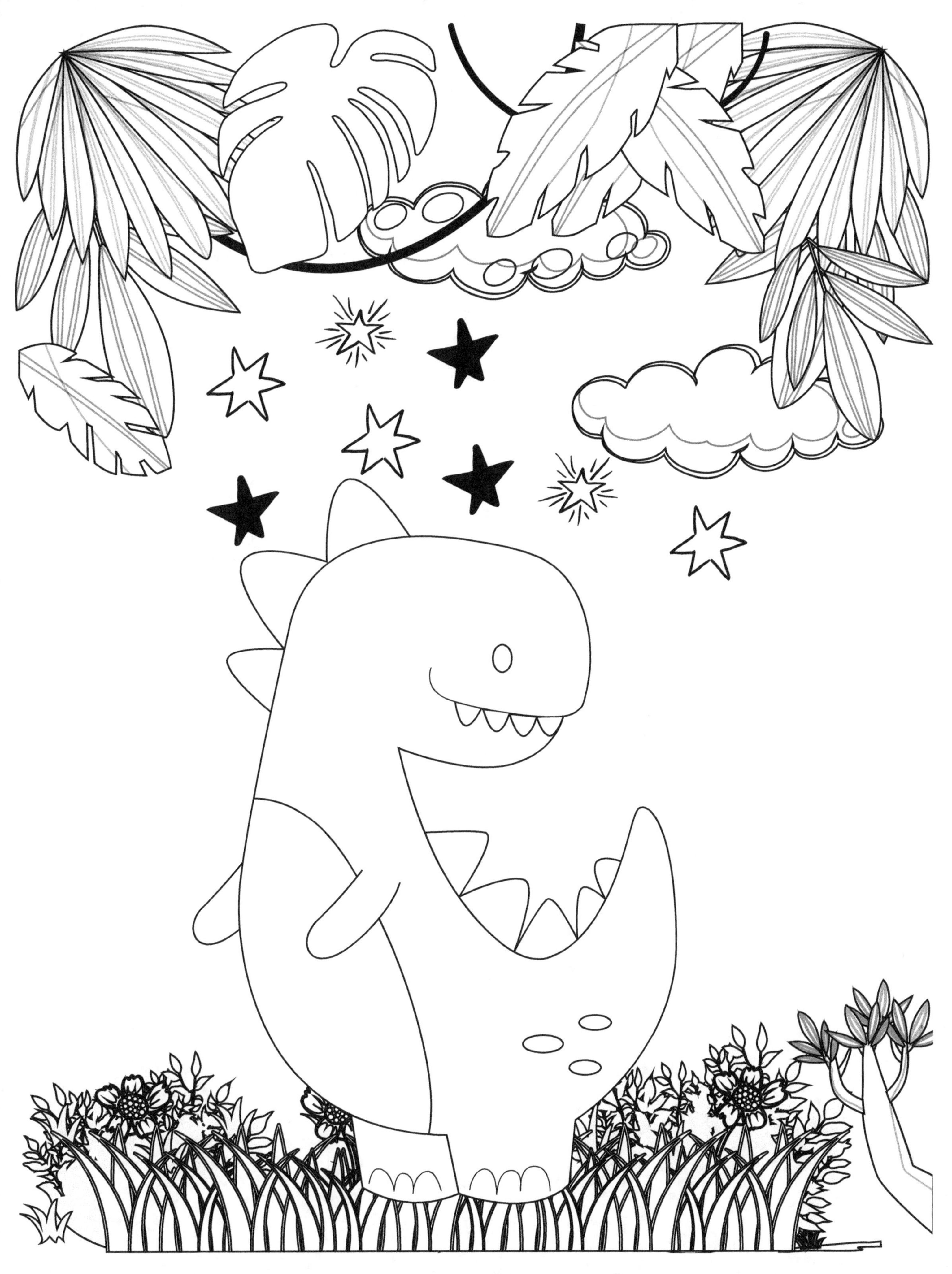

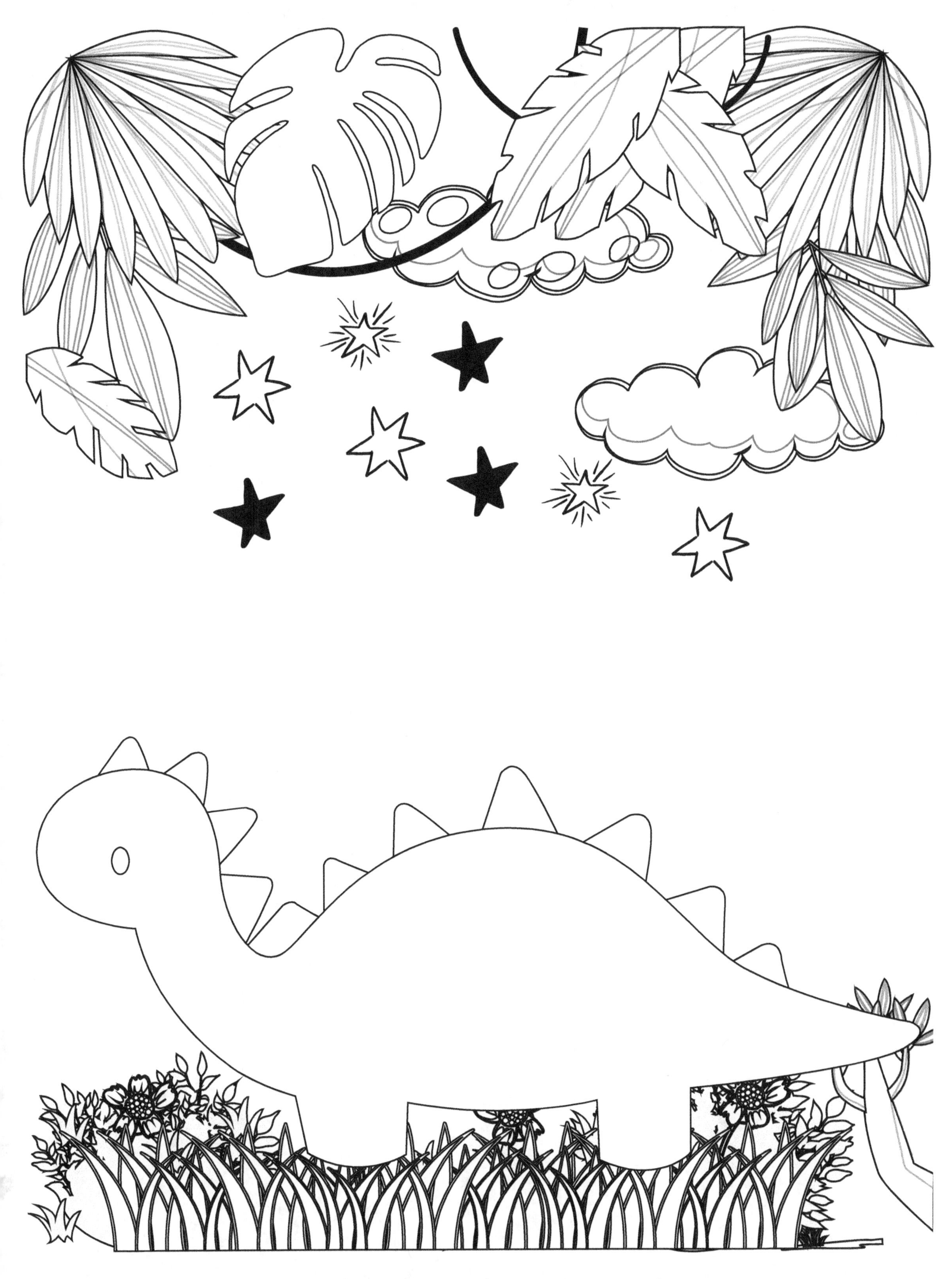

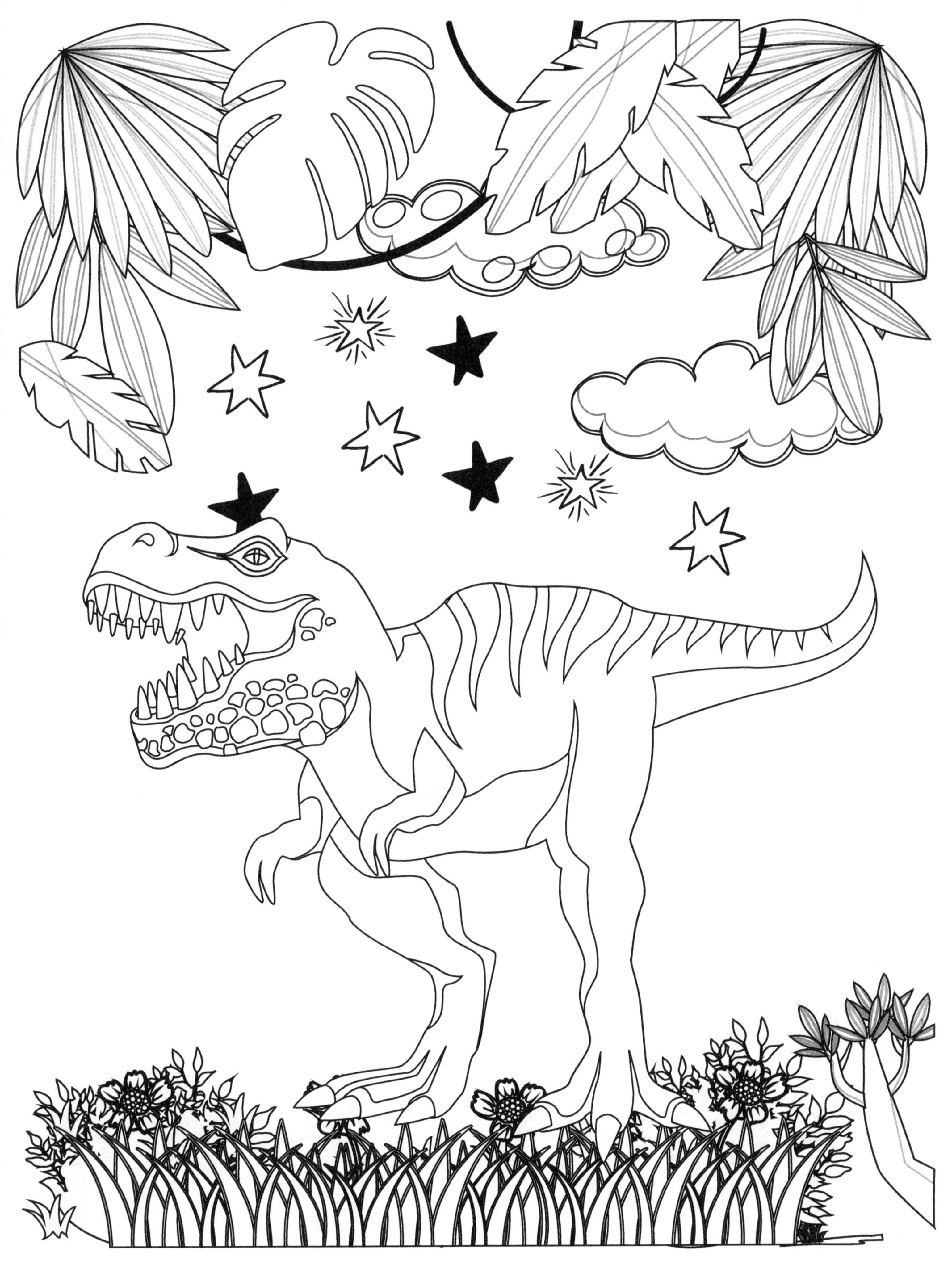

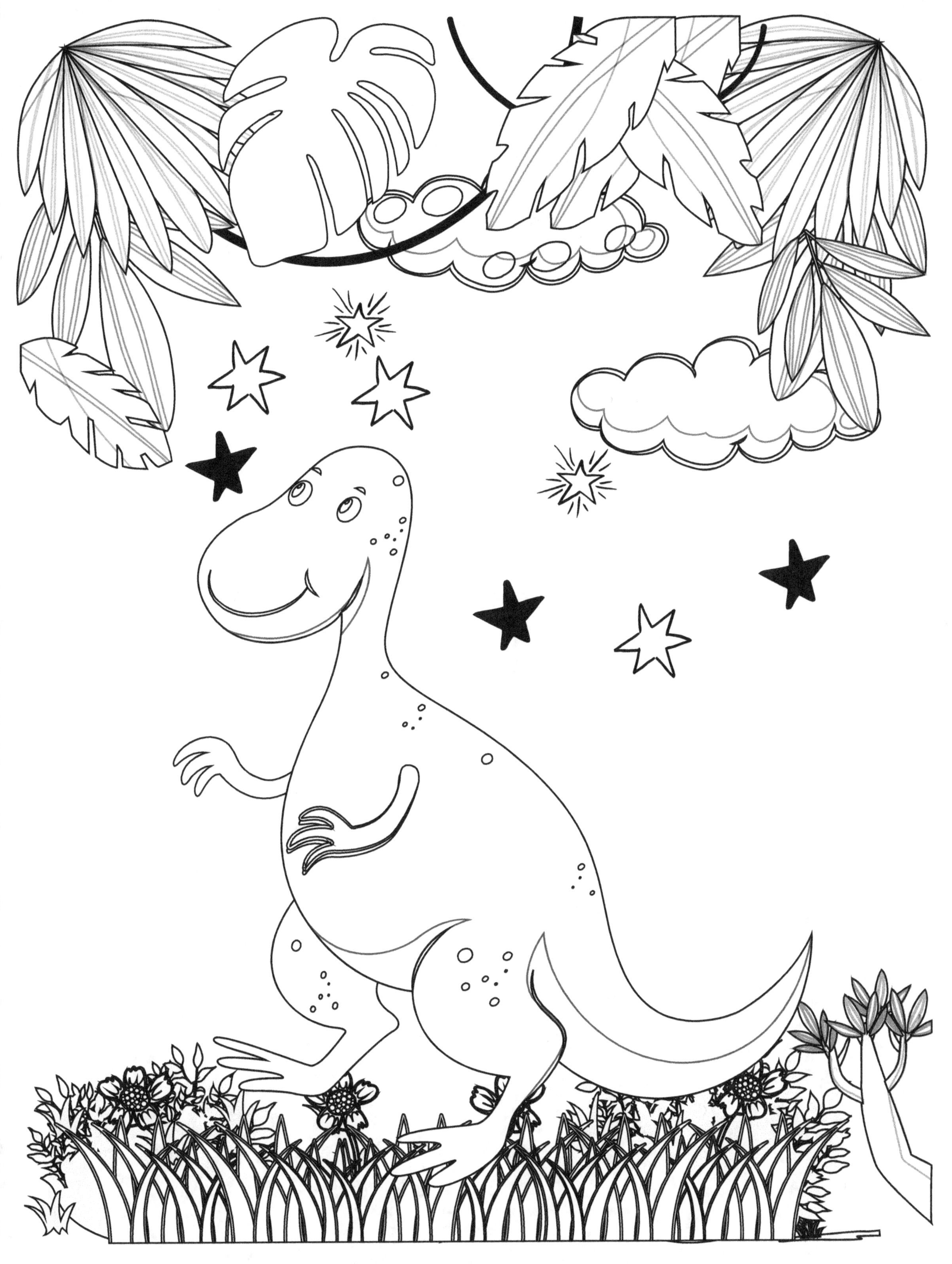

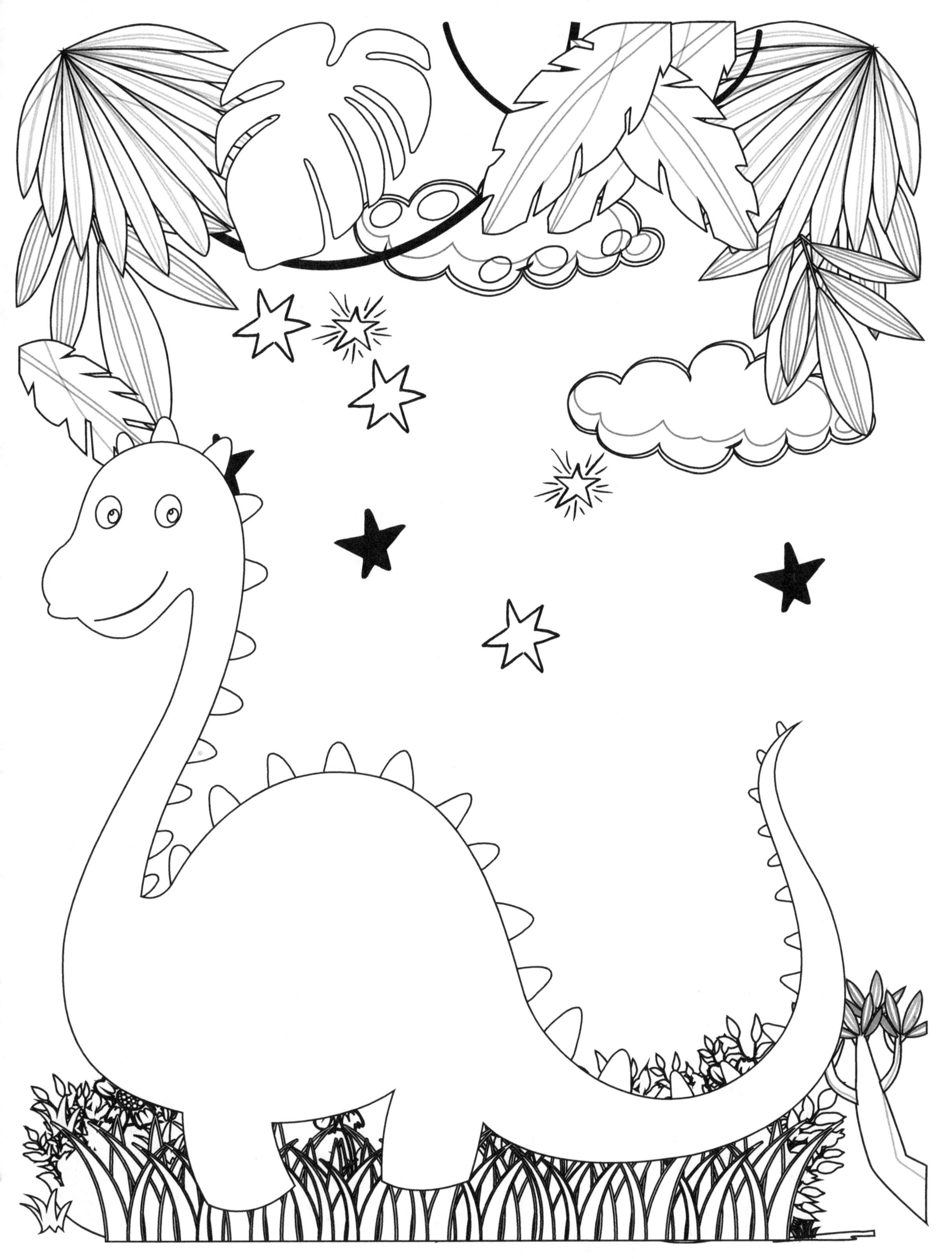

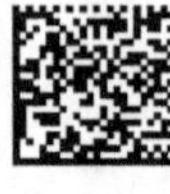